早稲田ラグビー
最強のプロセス

早稲田大学ラグビー蹴球部監督
相良南海夫
Sagara Namio

講談社

早稲田ラグビー　最強のプロセス　目次

構成　鎮　勝也

早稲田ラグビー　最強のプロセス

序　章　新国立競技場『荒ぶる』がこだまして

いいものだなあ、と思った。
我が早稲田大学ラグビー部[*1]はラグビーに初めて供用された新国立競技場のフィールドの上で『荒ぶる』[*2]を歌った。２０２０年1月11日のことだった。

荒ぶる吹雪の逆巻くなかに
球蹴る我等は銀塊くだく
早稲田のラグビーは斯界《しかい》になびき
いざゆけ我等がラグビーワセダ
ララ　ワセダ　ララ　ワセダ
ラララ　ワセダ

ラグビー部のこの第二部歌を合唱できるのは日本一になった時だけだ。私たちの喜びの声が競技場をぐるりと囲んだ大屋根にこだまする。

ライバルの明治大学と56回目の大学選手権[*3]の優勝を争った。45―35（前半31―0）。23年ぶりの「早明戦[*4]」の決勝を制したことも喜びを増幅してくれた。選手権での早明決戦を制したのは実に43年ぶり。13回大会（1976年度）で34―6と勝って以来のことである。

選手権優勝は11年ぶり16回目。私の監督就任2年目でチームは頂点に立った。その蔭には127人の部員、学生スタッフ、コーチの努力とともに、大学関係者、OB、そしてファンの有形無形のサポートがあった。

ふと、ワールドカップ[*5]に出て、試合をしたらこんな感じなんだろうな、と思った。実際、前年10月、その準決勝を部員たちとスタンドから観戦した。全方位から大歓声が選手を包んでいた。

新国立のオーロラビジョンに映し出されて知ったが、この日の観客は5万7345人。ほぼ満員だったようである。天気は晴れ。このような環境の中で試合ができる選手たちは幸せだった。

第二部歌『荒ぶる』は、例年8月の夏合宿最終日にチーム全員で練習をする。毎年、日本一になることを思い描いて声を合わせるが、それが現実になった。

私は大学2年の時に学生日本一になっている。選手と監督[*6]の両方で『荒ぶる』を歌えたことになる。得難い経験をさせてもらえた。

30年前は試合に出られなかった4年生がロッカールームに降りてきて、室内で歌った記憶がある。屋外で、それも学生たちと肩を組んで、細長くなった円陣で歌うのは初めてだった。

主催する日本ラグビー協会や主管の関東ラグビー協会の気遣いもありがたかった。試合の３日前、８日に新国立をメンバーたちと下見した。明治も一緒だった。ロッカーのスペックは素晴らしかったし、ピッチの芝生の緑も鮮やかだった。ただ、新装の国立競技場ということもあり、もし勝っても、『荒ぶる』をグラウンドで歌えないかもしれないと考えた。試合直後の興奮状態の中で、スタンドからメンバー外の１００人近い部員たちを混乱なく下に降ろすのは難しい。しかし、その不安は杞憂に終わった。役員のみなさんが動線を確保してくれて、全部員がグラウンドに降り立てた。

仮に引き分けていたら、グラウンドでは『荒ぶる』は歌わないつもりだった。両校優勝の中で我々だけがセレモニーをやれば、明治に失礼になる。コーチたちや主務にはそのことは伝えていた。

今回、『荒ぶる』を歌えたことは私にとって別な喜びもあった。

大学2年生の時には、学生日本一になれたが、当時はその後にラグビー日本一を競う日本選手権[*7]があった。試合は神戸製鋼に4―58（前半0―23）と大敗した。場所は改装前の同じ国立だった。社会人は強かった。神戸製鋼は連覇したが、最終的にはその数字を7にまで積み上げる。私はFL（フランカー）で出場していた。相手のCTB（センター）は平《ひら》尾誠二《おせいじ》さん。[*8]マークを徹底しなければならないポジションだったが、その華麗なステップに幻惑されまくった。目の前から消えていく感じがした。だから、『荒ぶる』こそ歌えたものの、学生時代は負けて終わった印象が強く残っている。

今回はこの明治との決勝戦が最後。後の試合はない。そのため、学生時代と比べると、また格別な味わいがあった。

大学選手権優勝から2週間後、1月25日には上井草で優勝パレードをした。

西武新宿線の上井草駅南口からグラウンドまで、商店街約400メートルを20分ほどかけて歩く。選手たちはエンジ×黒の段柄から「赤黒」と呼ばれる公式戦ジャージーを着て、優勝カップなどを持った。私たちはチームブレザーに「赤黒」のネクタイを着用した正装。一般開放されたグラウンドでの報告会には、応援部が駆けつけてくれて、大学の応援歌である『紺碧の空』や校歌を披露してくれた。大学生らしい祝賀会だった。その時にまた『荒ぶる』を合唱する。選手たちは2時間ほどサインや記念撮影に応じた。キャプテンの齋藤直人（SH＝スクラムハーフ）と中野将伍（CTB）の両4年生はサンウルブズ[*9]に参戦していて、欠席した。その代わりは同じ4年で副将の幸重天《ゆきしげたかし》（FL）がつとめた。

　こういうパレードや報告会は野球部では東京六大学リーグで優勝した後などにやっているらしい。ラグビーでは清宮克幸さん[*10]や中竹竜二《なかたけりゅうじ》[*11]が監督の時に優勝して、この上井草を管轄する杉並区への優勝報告会と地元・上井草でパレードをやっていたようだ。主催者によると今回のパレードには4000人ほどが集まったらしい。私はその数に感動した。我々の活動にこんなにたくさんの人々に興味を持ってもらっていることを知り、思わず涙が出そうになる。田中良区長も出席された。明治出身にもかかわらず、私たちをお祝いしてくれた。

　選手たちにジャージーを着させたのは、地元の方々に早稲田ラグビーを身近に感じてもらって、親しみを持ってもらいたかったからだ。学生にとって、寮やグラウンドがある街との関係が希薄なのはよいことではない。毎日、この街で生活しているのだから、地元の人たちから可愛がってもらえるラグビー部員でいないといけない。いろいろな応援が力になる。決してマイナスにはならない。学生たちにとっては好きなラグビーをやることによって、地元の人たちを喜ばせる。普通の学生にできることではないし、その影響力の強さを感じてほしかった。

ラグビー部が地元のシンボルになれればいいなあ、と思っている。監督になって早々、ラグビー部が上井草に拠点を移転した当時の元商店街会長に挨拶に行った。その際、「最近地域の人とラグビー部の関係が希薄になっている。是非、地域との交流の機会を増やして欲しい」と言われた。商店会や町内会の方々には、上井草の夏祭りでは寮の中庭を盆踊り会場として開放している。毎年7月に開催される部の祭である「北風祭」や、年末の「餅つき」ではご協力をいただいている。ところが、ここ数年は「餅つき」が実施されていないという。

「今年は、年末の餅つきを是非復活させましょう。そして、優勝して上井草でパレードができるように頑張ります」と私は即座に答えた。

地元の方々も優勝を待ち望んでくれている。希薄になってしまった地元との関係をまた取り戻せたらと私は思っている。

（＊1）早稲田大学ラグビー部

正式名称は「早稲田大学ラグビー蹴球部」。1918年（大正7）創部。大隈重信が早稲田の地に大学の前身である東京専門学校を開校した1882年（明治15）から36年後。日本ラグビーのルーツ校である慶應義塾大学（創部1899年）、三高（創部1910年、旧制高校で京都大学の前身）、同志社大学（創部1911年）に次ぎ、日本で4番目に古い歴史を持つ。1964年度（昭和39）に始まり、56回を数える大学選手権への出場53回、優勝16回はともに最多。以前は社会人の代表と戦ってラグビー日本一を決めた日本選手権の優勝回数も学生最多の4回（2位は2回の同大、前身のNHK杯を含む）を誇る。日本代表のキャップホルダー（日本ラグビー協会が認めた国際試合に出場した選手）は2019年のワールドカップ終了時で664人。そのうち早大のOBは約7分の1に当たる93人を数える。日本のラグビーを支えてきたと言っても過言ではないクラブ。

（＊2）『荒ぶる』

早大ラグビー部の第二部歌。基本的に大学選手権や日本選手権で勝った時のみに歌うことが許される。第一部歌の『北風』は一般的で、試合後の交歓会（アフター・マッチ・ファンクション）などで歌われる。作詞は『荒ぶる』が小野田康一、『北風』は川浪良太。1922年（大正11）8月、ラグビー部として初の夏合宿を信州沓掛（現・中軽井沢）で行った時に作詞された。作曲は早大音楽部。『荒ぶる』は1950年、主将の松分光朗がその存在を知り、早明戦に勝って歌ったのが始まりとされている。これまで、例外として絶対不利な対抗戦の早明戦に勝った時（1981年度）や日本選手権2回戦（43回＝2005年度）でトップリーグのトヨタ自動車を28―24で降した時に歌われた。優勝時の4年生は、『荒ぶる』を結婚式など卒業後の集まりで歌うことができ、一方3年生以下は、優勝時の出場メンバーであっても、歌うことができないという不文律がある。

『北風』

北風のただ中に　白雪踏んで
球蹴れば奮い立つ　ラグビー早稲田
抜山の威力　蓋世《がいせい》の意気
男児の勢数あれど　早稲田ラグビー　ラララララ
早稲田ラグビー　ラー

（＊3）ラグビー大学選手権

1964年度（昭和39）から始まった学生日本一を決めるトーナメント。これまで56回の歴史の中で、早稲田は最多優勝回数16を誇る。2位は明治の13回。最長は帝京の9連覇（46〜54回大会）。相良監督が2年時の優勝は26回大会（1989年度）。40―4京都産業大学、19―12大阪体育大学と勝ち上がり、決勝は45―14で日本体育大学を降す。当時の大会は8校制で関東からの出場は4枠で対抗戦とリーグ戦の上位4チームがたすき掛けでの試合（交流戦）を行い、代表を決めていた。トライは4点。1993年度のシーズンから5点になる。その30回大会から16校制、53回大会から現状の14校制になる。現在の内訳は関東の対抗戦、リーグ戦、関西に3枠ずつ。前年度決勝に進んだ2チームの所属リーグに1ずつを付与。残り3は地方リーグ。

（＊4）早明戦

早稲田が所属する関東大学対抗戦で、慶應との「早慶戦」と並び、もっとも注目が集まり、観客動員がかかるカード。大学選手権の優勝回数は早稲田16、明治13と接近しているため、この試合で対抗戦の優勝が決まることも多い。試合日は毎年、12月の第1日曜に設定されている。旧国立競技場の観客動員では1982年（昭和57）の早明戦が6万6999人を集め、東京五輪（1964年）の閉会式、開会式に次ぎ3位に入っている。早明戦は最多で年3回（春の招待試合、対抗戦、大学選手権）行われる。明治の創部は1923年（大正12）。ジャージーの色は紫紺と白の段柄で、「紫紺《しこん》」と呼ばれている。対抗戦の通算成績は早稲田の54勝39敗2分。大学選手権は早稲田の6勝8敗。

（＊5）ラグビーワールドカップ
　4年に一度行われるラグビーのナショナルチームによる世界一決定戦。1987年にオーストラリアとニュージーランド（NZ）の両国で第1回が開催された。2019年の日本大会で9回目。最多優勝はその漆黒ジャージーから「オールブラックス」と呼ばれるNZと南アフリカの3回。日本は1回大会からすべて出場している。最高位は9回大会の8強進出。相良監督らラグビー部員が観戦したのは日本大会の準決勝。2019年10月26日に横浜国際総合競技場（日産スタジアム）であったイングランド×NZ戦だった。前回大会はヘッドコーチ（監督）として日本代表を率いたエディー・ジョーンズが指揮するイングランドが、19─7で3連覇を狙った優勝候補のNZを降した。

（＊6）選手と監督での優勝
　早稲田は大学選手権最多の16回の優勝を誇るが、両方の立場で優勝を経験しているのは、大東和美（5回大会＝1968年度、7回大会＝1970年度と13回大会＝1976年度）、佐藤秀幸（5、7、8回大会＝1977年度と26回大会）、清宮克幸（26回大会＝1989年度と39、41、42回大会）と相良南海夫（26と56回大会＝2019年度）の4人である。

（＊7）ラグビー日本選手権

大学と社会人の1位チームがその年度のラグビー日本一を決定する大会（試合）。当時はシーズン最終戦で、1月15日の祝日「成人の日」に国立競技場で行われるのが恒例だった。1960年度（昭和35）に始まり、3回で終わったNHK杯を前身とする。1963年度に第1回大会が開始された。これまで56回の大会で新日鐵釜石（現・釜石シーウェイブス）と神戸製鋼の7連覇（それぞれ16～22回、26～32回）が最長。神戸製鋼は最多優勝10回を誇る。早大は学生最多の優勝4回。相良監督は27回大会（1989年度）に出場。4―58で神戸製鋼に敗れる。55回大会（2017年度）から力の差などを理由に大学は不出場となる。

（＊8）平尾誠二

1963年（昭和38）1月21日～2016年（平成28）10月20日。ラグビー指導者。京都府出身。現役時代のポジションはSO（スタンドオフ）／CTB。伏見工業（現・京都工学院）、同志社大学を経て神戸製鋼に進む。世代すべてで日本一を経験。伏見工3年時には山口良治監督の下、第60回全国高校大会（1980年度）で初優勝する。同大では大学選手権3連覇（19～21回大会、1982～84年度）の中心。神戸製鋼では1988～94年度の全国社会人大会（トップリーグの前身、41～47回大会）と日本選手権（26～32回大会）の7連覇に貢献。1996年1月に現役引退。その後、神戸製鋼の総監督やGM（ゼネラルマネージャー）などの肩書で、死去するまでチームのトップとしてその運営に関わった。日本代表としてのキャップは35。ワールドカップには1～3回大会は選手、4回大会は監督として出場した。現役時代は180センチ80キロ。その端正な容姿、知的さ、さらに華麗なプレーから「ミスター・ラグビー」と呼ばれた。

（＊9）サンウルブズ
南半球（NZ、南アフリカ、オーストラリア、アルゼンチン）のチームで構成される国際リーグ「スーパーラグビー」に日本を本拠地にして参加していたチーム。国代表に準ずる力があり、チームは日本籍と外国籍の選手による混成。原型であるスーパー12が創設されたのは1996年。サンウルブズは20年後の2016年に創設された。現在は15チーム編成。参加5シーズン目の2020年は新型コロナウイルス感染拡大の影響により第7節を最後に打ち切りになった。リーグ縮小の影響で、チームは消滅する。最高位は18チームが参加した2017年の17位。後の3年は最下位。

（＊10）清宮克幸
1967年（昭和42）7月17日生まれ。ラグビー指導者。大阪府出身。茨田《まった》高から早大に進む。4年時の第26回大学選手権（1989年度）では主将、NO8としてチームを優勝に導く。サントリーで現役引退後、早大、サントリー、ヤマハ発動機の監督を歴任する。2001～05年度、5シーズンの早大監督時代は大学選手権で優勝3回（39、41、42回大会）、準優勝2回（38、40回大会）と群を抜く勝率を誇った。現・日本ラグビー協会副会長。長男はプロ野球・日本ハムの内野手・幸太郎。

（＊11）中竹竜二
　1973年（昭和48）5月8日生まれ。ラグビー指導者。福岡県出身。東筑高卒業後、福岡大学商学部に入学するも1年後に中退し、早大人間科学部に進む。早大ラグビー部では4年の時に主将。97年卒業後、渡英し、レスター大学大学院社会学部修了。2001年三菱総合研究所入社。06年早稲田大学ラグビー蹴球部監督に就任し、07年度から2年連続で全国大学選手権を制覇。2010年より日本ラグビーフットボール協会コーチングディレクターに就任。

（＊）ポジション表記
　前8人はフォワード（FW）。後ろ7人はバックス（BK）。ポジションはFWがプロップ（PR）、フッカー（HO）、ロック（LO）、フランカー（FL）、ナンバーエイト（NO8）。BKがスクラムハーフ（SH）、スタンドオフ（SO）、センター（CTB）、ウイング（WTB）、フルバック（FB）。

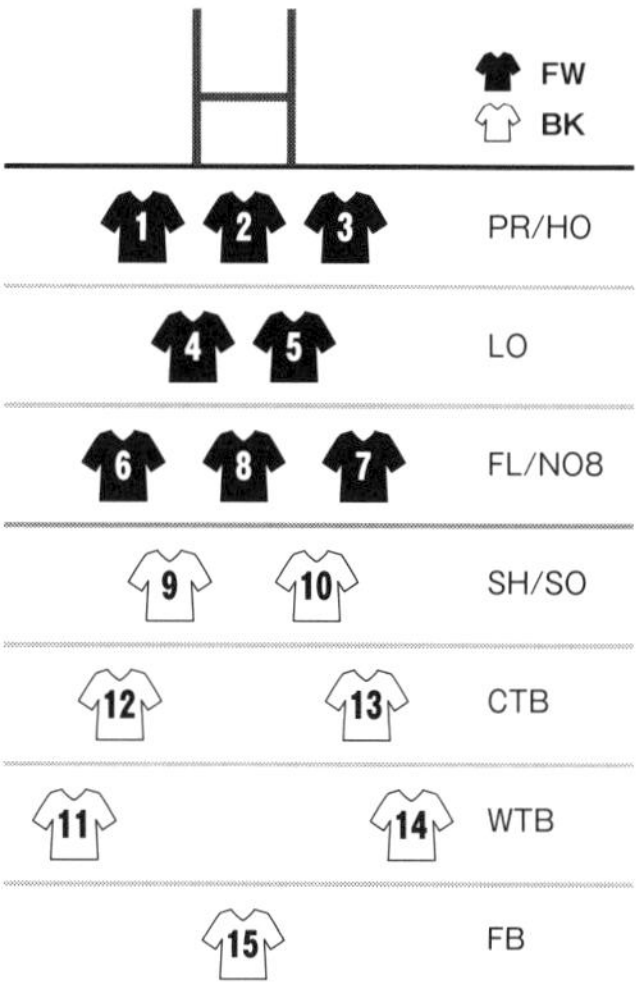
FW
BK
1 2 3
PR/HO
4 5
LO
6 8 7
FL/NO8
9 10
SH/SO
12 13
CTB
11 14
WTB
15
FB

第1章
監督就任

新国立競技場での『荒ぶる』 2020年1月11日
筆者の左が幸重天副将、右が齋藤直人主将、その右が宇野明彦主務
写真：谷本結利

クリスマスの電話

２０１７年のクリスマス、12月25日は私にとって忘れられない日になった。

私のスマートフォンが鳴った。安田真人《まひと》さん（１９８３年度卒、ＦＢ、日本代表キャップ1、早大学院出身）からだった。

「時間ある？　会いたいんだけど」

安田さんは早稲田ラグビー部ＯＢ会における強化本部の筆頭である。８学年上で同じ高校、大学であり、いわゆる「直系」の先輩だ。

「今日ならありますよ」

クリスマスやお正月は子供たちが高校や大学に入ると、家族の間では大きなイベントではなくなる。その日のうち、安田さんと会った。

「早稲田の監督を引き受けてくれないか」

電話をもらった時に、この手の話をまったく予想していなかった訳ではなかった。

私はＯＢ会で早大学院などの附属校や早実などの系属校とラグビー部の連携強化に動い

ていた。同時に35歳以上の五大学[*1]の連絡窓口でもある。OB会に出入りしているし、他大学に知己も多かった。母校がよくない情報はいろいろなところから入って来る。山下大悟監督（2002年度卒、主将、CTB、サントリー↓NTTコミュニケーションズ↓日野、桐蔭学園出身）が就任して2年目だった。

早稲田のラグビー部の監督は、OB会が推薦し、大学側に承認をもらう。OB会の力は伝統のある大学のクラブがそうであるように強い。安田さんが話を持ってきた以上、それはOB会の総意ということになる。光栄ではあったが、自分には何ができるか、仮にやったところで劇的に状況を変えられるかということが頭の中を駆け巡った。山下体制の2年間の成績は次の通りだった。


【2016年度成績】

この年2月に日野で現役引退した山下監督の就任を発表。

秋の関東対抗戦は2位。6勝1敗。帝京大学に3―75で敗れる。

大学選手権（53回）はシード校になるも、初戦となる準々決勝で同志社大学に31―47。

帝京は8連覇を達成。決勝で東海大学を33―26で破る。

【2017年度成績】

山下監督の2年目。

関東対抗戦は5勝2敗（21―40帝京、19―29明治）。早稲田、慶應、明治のいわゆる「早慶明」が2敗で三すくみ。総得失点差で順位が決まり4位扱いとなる。優勝は帝京。大学選手権（54回）はノーシード。初戦となる3回戦で東海大学に18―47。帝京は9連覇。決勝で明治を21―20で降す。

まず問題になったのは結果を残せていない、という点だった。大学選手権では常に優勝を狙い、『荒ぶる』を歌うことを目標とするチームが1年目は8強、2年目は3回戦で負ける。どちらも初戦敗退、年越しすらできていなかった。

もちろん、山下監督にすべての責任がある訳ではない。その前任監督の後藤禎和さん（1989年度卒、LO、ヤマハ発動機、都立日比谷高校出身）の時から数えると4年連続で4強進出を逃していた。

早稲田が最後に大学選手権を制したのは山下監督就任の8年前。[*2] その翌年度から帝京の9連覇が始まる。私自身も2学年上の後藤監督の下で2012〜14年の3年間はFLのポジションコーチについた。1年目はアドバイザー的存在ではあったが、その間、帝京の強さを目の当たりにする。

帝京は「真面目」の一言。ブレイクダウン（タックルが成立した後にできるボールの争奪。そこでの優劣が勝敗に大きく関係する）へ行くスピード、ボールそのものへの反応、ボールキャリアーに対するサポートの数、仕留め切る技術、すべてが素晴らしい。サイズが大きく、才能がある人材が勤勉に動けば、他チームはかなわない。試合前のウォーミングアップにセービング（倒れ込んで地面に転がるボールを得る基本プレー）をしていた。初心者が教えられるプレーを試合前にするところに、基本を大切にして、そこに高等プレーを積み上げていく帝京の強さがうかがえた。

一方、早稲田はどうだったかというと、ラグビーの形はあるけれど、私が現役時代に伝統として叩き込まれた「スタンダード」が著しく薄れていた。ディフェンスは淡白。相手より先に仕掛けない。イーブンボール（こぼれ球）の反応は遅い。バッキングアップ（ディフェンスラインが破られた時、ポジションに関係なく後方に戻ってタックルすること）はなく、ボールキャリアーへのサポートは遅い。トライにつながるラストパスをぽろぽろ落とす。私は帝京に、早稲田が本来持っていた泥臭さを感じていた。先輩方から脈々と受け継がれてきた「らしさ」が失われていた。

安田さんにクリスマスにもかかわらず会ったのは、監督就任の打診なら、早く聞いておいたほうがいい、と思ったからだ。こちらもどうするか考えをまとめる必要がある。

「社会人の経験を生かして、チームをまとめてくれないか」

実際、予想していたことを言われて、考え込んだ。私はラグビーから離れてしまっている。最後にコーチをしたのは3年前。もちろん、早稲田では監督の経験もない。ラグビー自体もプロ化の流れもあり、日進月歩している。自分には最新式は教えられない。

ただ、ラグビーの普遍的なものは、経験者として教えられる。そして、漏れ聞くところによると、チームはいま、間違った方向に行っているらしい。OBのひとりとして、できることなら後輩たちや愛すべき部の力になりたいと思った。

大きかった明治OBの後押し

安田さんからの話は光栄だったが、監督就任となるとフルタイムになる。早稲田の監督は2001年度に清宮さんが就任して以来、フルタイムになっている。その形をとるには、私の一存では決められない。勤め先の三菱重工業[*3]の許可が必要だった。出向という形で会社の協力を仰がなければならない。

翌日、私は上司の立花洋一さんに相談した。立花さんはサッカー出身で日立第一高校から青山学院大学に進んだ。同じフットボールの出身でもあり、私を可愛がってくれていた。立花さんとは「監督を引き受けるなら、後任をどうするか考えるように」という簡単な感じで終わった。

ところが、年末年始の休暇が明けると立花さんは私を呼び、引き留めにかかった。

「この歳で出て行ってどうする。何年やるの？　ビジネスマンとして大切な時期だよ。私としては腰を据えて仕事をしてもらいたい」

立花さんは2月1日付で、サッカーJ1の浦和レッズの副社長（翌2019年2月から社長）になることが決まっていた。その発表は年明け初出の日。そのため、年末は守秘義務もあって、異動のことは部下の私にも話せなかった。立花さんがいなくなれば、私を庇護する人間がいなくなる。その状況で、もし出向先の早稲田を勝たせられなければ、経歴に傷がつく。そういうリスクを背負うよりも、いまの仕事で道を切り拓け、という立花さんの親心から出た言葉だった。

私は当時48歳。立花さんを長にいただく部署は本社の法人営業だった。私の肩書は担当部長。オフィスは東京・品川にあり、これまで作ってきた人脈を利用して、取引先にバーター（交換）事業を提案し、互恵の関係になることを推し進めていた。15人ほどの部署にはサッカーやラグビーや野球など、三菱重工のスポーツ出身の人間が多かった。

次に私は籾山裕さんに相談した。相模原製作所[*4]のラグビー部[*5]の先輩である。私より7学年上であり、明治出身のFBである。現役引退後はラグビー部GMなどを歴任した。籾山さんは私の気持ちを見抜いたように即答してくれた。

「やらなきゃダメだよ。そんな話は誰にでも来る訳じゃないんだから。西妻さんにも相談しよう。そして前川さんにお願いしてみよう。周りのことはなんとかするから」

１９１８年（大正7）の創部から１００年を迎えた早稲田のラグビー部で、監督になった人間は36人しかいない。「なりたい」と言ってなれるものではない。

西妻多喜男さんもラグビー部に出向しやすい異動先を探してくれたひとりである。籾山さんの明治ラグビーの先輩である。ポジションはＬＯで同じ三菱重工の長崎造船所（三菱重工長崎）でラグビーを続けた。長崎県ラグビー協会の会長を務めるなど人望は厚かった。そして、会社では執行役員を務め、グループ会社である三菱日立パワーシステムズの副社長などの要職を歴任されるなど、社内では豊富な経験と多岐にわたる人脈があった。

前川篤さんは２００８年のリーマンショックの後、相模原製作所のテコ入れのためトップの所長に就任した。事業立て直しのため、休部もうわさされていたラグビー部を経験者でないにもかかわらず、存続させてくれ、ウエールズ代表キャップ87を持つ世界的ＷＴＢのシェーン・ウィリアムスの獲得にもゴーサインを出してくれた。チームの試合もご夫婦でよく観戦された。ラグビー部にとってはオーナー的存在の人物である。

籾山さん、西妻さん、前川さんらが動いてくださって、会社のほうは整った。前川さんが社長をつとめた三菱重工フォークリフト＆エンジン・ターボホールディングスに出向になる。所属は経営企画部で担当部長という肩書を与えられた。

早稲田の監督になるために力を尽くしてくださった方々には感謝してもし足りない。特に籾山さんと西妻さんは早稲田のライバルである明治のOBである。にもかかわらず、今回、率先して話をまとめてくれた。「敵に塩を送る」どころの話ではない。私が成功すれば、明治は泣くことになる。そして実際そうなった。でも優勝後に「いい試合だった。見事だった」と祝福してくれた。このおおらかさ。さすがだなあ、すごいなあ、とその懐の深さに感動した。

「100周年での優勝は求めないでほしい」

私が監督に就任すれば、その1年目の2018年は早稲田ラグビーにとって100周年になる。引き受ける段階でOB会には要望を出した。

「私に監督を任せるのなら、100周年の記念としての優勝は求めないでほしい。もちろん、勝つつもりでやる。でも前任の山下監督は結果を求められ過ぎて、チーム運営がおかしくなった。目指すけれど、必達目標としてほしくはない」

OB会はその要望を受け入れてくれた。100周年は部としては大きな節目であったが、学生にとってはタイミング上のただの巡り合わせに過ぎない。毎年、日本一を目指すのは早稲田としては当然だ。ただ、一方でシンボリックなものは大切にしないといけない。私としてはそれを動機づけのひとつとして、目の前の相手を倒してゆく気持ちになった。

プレッシャーは取り立ててなかった。私は世間的に地味な存在。ラグビーをよく知っている人は別にして、認知されてもいない。少なくとも、100周年という大事な時に登板する器ではない。だから、気は楽だった。失敗しても許される。早稲田ファンには申し訳ないが、「訳のわかんねえ奴を監督に持ってくるからだよ」ということで、世間的にはすべては終わる。

2月25日に恒例の予餞会《よせんかい》があった。卒業式以前の学年末近くの時期に、最終学年の学生を送り出す目的で開催される学校行事でいわゆる「卒部式」のことだ。予餞会で毎年、新体制を発表する。

しかし、私の監督就任を大学が承認したのはその10日くらい前だった。大学側には、当時37歳と若かった山下監督に5年ほどの長期で指導を任せたい、と考える人もいた。それも一理あった。短期で結果を残すのは難しい。しかし、OB会はチームの将来を考え、私に監督を任せるという思い切った手を打ってきた。私もその気持ちに応えようとした。

監督就任が決まった時、関係者以外で最初にそのことを伝えたのは奈良県立御所実業高校の竹田寛行《ひろゆき》先生*6である。

「敗戦処理のピッチャーにならないように」

先生は私のことを心配して、電話口からそんな言葉をはなむけとして贈ってくれた。先生との付き合いは20年ほどになる。私が現役の時に三菱重工相模原にも先生の御所工（当時、現・御所実）から選手が入り出した。その指導に興味を持って、夏に菅平に行った時にあいさつした。先生は初対面にもかかわらず、気さくに話をしてくれた。相模原にラグビー採用ではなく、一般の就職相談で訪れた時にもわざわざ会いに来てくれる。

高校の94回全国大会（2014年度）の決勝は御所実が勝ち上がったので、大阪の花園ラグビー場まで行った。東京・八王子の自宅から夜中に車を飛ばす。中学生だった次男の昌彦に、「御所の初優勝を生で見よう」と誘い、一緒に行った。試合は5―57で東福岡に敗れたが、次男を預けてもいいかなあ、と考えたりもしていた。結局、彼は早実から早稲田に行くが、先生は理屈では説明できない人間的魅力を持っている。

先生は天理の独壇場だった奈良県の高校勢力図を塗り替えた。それも私立ではなく、ラグビー名門ではない県立の実業学校においてだ。身体能力は高いかもしれないが、いわゆるラグビーエリートの子供たちを集めている印象はない。早稲田のラグビー部にもOBがいる。西辻勤（2001年度卒、WTB、リコー）と吉井耕平（2012年度卒、SO、中部電力↓近鉄）である。2人ともいい選手だった。

先生はチームとしての統制を取り、基本を大事にしている。その部分は大学選手権9連覇を成し遂げた帝京と重なる。御所実は特にディフェンスがしっかりしており、「ボールが浮いている間に前に出る」という御所のラグビーには共感できる。私も早稲田ではディフェンスからチームを作っていくつもりだった。守りがしっかりとすれば、たとえ負けることがあっても、大崩れはしない。そして、なにより先生は「人間を育てる」ことに注力されていた。

先生には土井崇司《たかし》先生[*7]をはじめ、たくさんの高校ラグビーの指導者を紹介してもらった。それは早稲田の監督になったいま、リクルートなどにおいて大きな力になっている。

（＊1）五大学

１９２８年（昭和３）に始まった関東五大学対抗戦から派生した言葉。早稲田、慶應、明治、立教、東京の５校は関東のみならず、日本における戦前からのラグビー伝統校でもある。終戦から2年経った47年に東京ラグビー場（現・秩父宮ラグビー場）が完成した時も戦後の貧窮社会の中、この５大学のＯＢが中心となって建設資金を調達した。

（＊2）第45回大学選手権

２００８年度開催。21―5関東学院大学、59―25筑波大学、36―12東海大学と勝ち上がり、決勝では帝京を20―10で降す。主将は豊《とよ》田《た》将万《まさかず》（２００８年度卒、ＮＯ８、日本代表キャップ９、コカ・コーラ、東福岡高校出身）。関東対抗戦では2位だった。６勝１分の帝京に次ぎ、５勝２敗（７―18帝京、22―24明治）。この翌年度から帝京大の９連覇が始まる。

（＊3）三菱重工業（三菱重工業株式会社）

財閥系の三菱グループの中核をなし、日本を代表する企業。川崎重工、ＩＨＩとともに日本の三大重工の一角をなす。創立は１８８４年（明治17）。グループ会社を含めた従業員は8万人以上にのぼり、２０１９年度の売上高は４兆円を超える。主要製品は船舶、防衛、発電、宇宙など多岐にわたる。

（＊4）三菱重工相模原製作所

三菱重工の13ある主要な事業所・工場のひとつ。1970年（昭和45）に東京の大井町などから当地に移転した。エンジンや特殊車両などを主に生産している。神奈川県相模原市中央区にある。

（＊5）三菱重工相模原ダイナボアーズ（ラグビー部）

1971年（昭和46）創部。81年に製作所の「所技」となり強化が始まる。2007年度に初めてトップリーグに所属。相良監督が指揮したものの最下位14位で下部落ち。トップチャレンジ（二部）だった2018年度の入替戦で豊田自動織機を31―7で破り、2回目のトップリーグ昇格を決める。コロナ禍により第6節で中止になった2020年のリーグ戦は6戦1勝5敗。勝ち点5で16チーム中13位だった。チーム名「DYNABOARS」は相模の原野を駆け回るイノシシ（BOAR）にダイナミック（DYNAMIC）をかけ合わせる。相良監督時代の2007年に命名された。

（＊6）竹田寛行

1960年（昭和35）5月8日生まれ。徳島県出身。脇町高でラグビーを始め、天理大学に進む。現役時代のポジションはNO8。奈良の県立高校の保健体育教員になり、89年、部員2人と廃部寸前だった御所工（現・御所実）に赴任。同校を全国屈指の強豪に育て上げた。冬の全国大会（通称＝花園）出場は12回。準優勝4回（88、92、94、99回大会）。三男・宜純《よしずみ》はトップチャレンジに所属する近鉄のF

B。四男・祐将は相良監督の出身であるトップリーグの三菱重工相模原のSO。

（＊7）土井崇司

1959年（昭和34）10月3日生まれ。高校ラグビー指導者。大阪府出身。金岡高でラグビーを始め、東海大学に進む。1984年、創立2年目の大阪・東海大仰星（現・東海大大阪仰星）の保健体育教員になる。同時にラグビー部を創部、監督に就任。2013年3月に退任するまで、冬の全国大会出場13回、優勝2回（79、86回）、準優勝1回（91回）の強豪に育てた。教え子である後任の湯浅大智監督と合わせると全国大会出場は19回、優勝は歴代5位の5回になる。早稲田のCTB長田智希、FB河瀬諒介は同校のOB。土井は2014年に東海大に異動。現在は東海大のテクニカルアドバイザー、東海大相模高校の総監督であり、同中高の校長をつとめる。

第２章
指導開始

オックスフォード大学と　2018年３月
写真：早稲田大学ラグビー蹴球部

主役は学生

4年生を送り出す予餞会が2月25日。監督就任が正式に決まったのはその10日ほど前。前準備として与えられた時間は極めて少なかった。

予餞会で初めて全部員の前で話をした。

「主役は君たち。やるのは自分」

早稲田のラグビー部は学生のチームであり歴史的に部員たちが自主運営をしてきた。いわば、学生自治のクラブである。その伝統に則《のっと》って、やらされるのではなく、自分たちで考えて行動する。そうしないと優勝は手に入らない。本気でつかみにいかないといけない、というような話をした。私たちの現役時代がそうであったように「選手ファースト」を打ち出した。

主体性は早稲田にとっての生命線だ。ラグビーでは試合の局面で自分たちの判断が優先される。いまではウォーター・ボーイと言われる給水係をコーチがつとめ、そこから作戦を伝え聞くことができるが、レフェリーの笛で試合が止まるまでは誰にも頼ることはできない。主体性がないと試合に勝てない。そして、それがなければ、社会に出てからもいわゆる「指示待ち人間」になってしまう。

まず着手したのはコーチ陣の編成だ。

私は前年のことは試合の勝ち負け以外よくわからない。空白を作りたくないこともあって、コーチたちは基本残留の方向で話を進めた。監督交代の動揺を学生たちにできるだけさせたくない気持ちもあった。

全員を「スキルコーチ」という肩書でそろえ、ヘッド格には山下監督の時と同じ古庄史和（2002年度卒、SO、國學院栃木出身）を据えた。

そのほかに大峯功三（2014年度卒、主将、NO8、東筑出身）、安藤敬介（2001年度卒、HO、セコム、男鹿工業出身）の2人。私の就任と同時に、三井大祐（2007年度卒、SH、東芝、啓光学園出身）にも加わってもらった。スクラムコーチは伊藤雄大（2004年度卒、PR、ヤマハ発動機→リコー、國學院久我山出身）に任せた。古庄、大峯、三井はフルタイム。安藤は勤務先のセコムが午前は社業で、午後には早稲田というフルタイムに近い形にしてくれた。伊藤は三菱重工相模原との掛け持ちだった。

それから、前体制では配置されなかった週末コーチを復活させた。週末コーチには、私の同期の吉雄潤（1991年度卒、SO／CTB、國學院久我山出身）をBKコーチに、バックスリー担当として長井真弥（1999年度卒、FB、駿台甲府出身）を起用。吉雄と長井には、早稲田の継承すべきポジションスキルを教え込んでもらうことはもちろん、特に下のグレードの選手の育成と、練習や試合のフィードバックを通じて彼らの話し相手になってもらうことをお願いした。

私はコーチ陣の推挙があれば、下の選手でも上のチームに引き上げるつもりだった。自分ですべてを決めるのではなく、コーチたちにも選手起用に加わってもらう。彼らのほうが私よりよく部員たちを知っていることもあったが、前向きにチーム運営に参加してもらいたい狙いがあった。

同時に監督である自分が常に正しいとは思わないようにした。

コーチたちに指示を出す場合、「この考えでよいのか」と一旦は自問自答する。「自分が逆の立場だったらどう感じるか」ということも考えた。これは対学生でも同じである。ジェネレーション・ギャップを受け入れ、無理押しはしない。権力のある立場になれば、わがままが通るため、周囲が見えなくなる。その戒めもあった。

委員会の権限を高める

早稲田はキャプテンや副将や裏方の代表の主務以外に委員[*1]という存在がある。彼らで構成された委員会で部の方向性を決め、監督と話し合うのが早稲田の伝統だ。私はその委員会の権限を昔のように高めようとした。委員会に主体性を持たせれば、そこから全部員にその考えや行動が下りる。委員会へのある一定の権限移譲なしに、私の考える主体性は身につかない。山下監督の申し送りで主将は佐藤真吾（FL、本郷出身④：〇囲みの数字は当時の学年を示す）に決まっていた。

なぜ主将が佐藤になったか、詳しくは知らない。聞くところによれば、彼が3年生の段階から「次は佐藤」と決まっていたらしい。佐藤の1つ上の代、同期の話し合いなどはあったかもしれないが、事実上、山下監督の指名だったようだ。

主将の決め方は、私の認識では、学生間の推薦を受け、監督と学生で協議するのだが、監督によっては、直々に指名することがあったようである。

佐藤には注文をつけた。

「委員に下級生を入れてはいけない。それから外勤の人間は入れなくてはならない。うまい下手で人選をするのもよくない」

私は学生たちの委員会が部全体の方向性を決めるものである以上、「レギュラーであること＝チームのリーダー」ということではないと考えている。「外勤」というのはラグビー部専用の寮生でなく、自宅通いや一般の下宿生たちを指す。ラグビー部寮はチーム結束の観点もあって、上級生やレギュラークラスの選手を優先的に住まわせる。それはある意味仕方のないことではあるが、その人間のみが幅をきかせて、チーム方針を決めていくなら、問題点が出てきてもすくい上げられない。

私はなによりも、みんなが同じものを目指す組織でありたいと思った。そのような組織でないと、本当に強い組織にならない。

佐藤を軸に、副将は西田強平（FL、桐蔭学園④）、主務は小柴大和（函館ラ・サール④）、副務は宇野明彦（SO／CTB、横須賀③）。委員には6人が選ばれた。緒形岳（WTB、新発田④）、辺津勘太《へつかんた》（SH、早実④）、岸岡智樹（SO、東海大仰星③）、齋藤直人（桐蔭学園③）、中野将伍（東筑③）、幸重天（大分舞鶴③）である。幹部は4年生が5人、3年生が4人となった。寮長には桑山聖生《くわやまとしき》（WTB、鹿児島実業④）がついた。

緒形と辺津は２０１８年の秋シーズンにおいて、結果的に関東対抗戦や大学選手権の出場はなかった。それでも公式戦に出るために努力を重ねる。彼らの意見は健全なチーム運営には必要だった。

主務も早稲田では重要な位置を占めている。キャプテンを補佐し、主体性を持ってチーム運営をする実行部隊長になる。表に出ることは少ないが、「縁の下の力持ち」的な役割を果たす。そのため、部員名簿の並びはキャプテンの次に来る。早稲田では体育系各クラブの中でも、主務はキャプテンの次に位置づけされ、「年度代表委員」と呼ばれている部を代表する幹部である。昔からそれだけ大切にされてきた役職である。

ラグビー部では主務は入部時点では選手である。時代とともに変遷はあるが、いまは２年生のシーズン終盤くらいに同期で話し合い、主務候補を推挙する。その人間が３年生では副務になり、４年生の主務を補佐する。副務も委員とみなされる。主務と副務がスタッフ専任でないといけないというきまりはないが、仕事量や責任の所在からすると選手兼任は難しい。ただ、齋藤の代に主務になった宇野は兼任でやらせた。

イングランド遠征でいまの学生を知る

２０１８年は創部１００周年を記念して、３月にイングランド遠征があった。早稲田と関係の深いオックスフォード大学[*2]と対戦をするためだ。この遠征は私にとってラッキーだった。フルタイムとしての監督がスタートするのは４月１日。それまでにレギュラークラスの選手のことやいまの学生気質がわかる。私は会社に申請してリフレッシュなどの有給休暇を使って遠征に参加する。ツアーは30人で選手はそのうち25人ほどだった。メンバー選考に関しては古庄に要望を出した。

「できるだけ新４年生で組んでほしい」

私の中では最上級生が大事だった。３年間、この部で頑張ってくれたこともあるが、主体性を発揮するのは４年生であり、何よりその年のチームの根幹になる。

３月11日、オックスフォード大のイフリーロードラグビー場で試合があった。私の就任発表から約３週間後。「初采配」と言われた試合は19―27（前半５―12）で敗れた。内容はどうこう言えない。監督には就いたが、練習を一緒にしたこともない。選手たちの動きを生で見ただけ、という感じだった。オックスフォード大は先発の15人中10人がケンブリッジ大学との定期戦「バーシティ・マッチ」に出場したと聞いたが、正直私が想像したほどのレベルではなかった。

私は大学を卒業する直前、１９９２年２月に全早大のイギリス遠征のメンバーに選ばれた。その時のツアーの成績は４勝１敗。ケンブリッジ大に51―20で勝って、現地の新聞に大きく出たことを覚えている。その時、オックスフォード大には19―40で負けた。だから「強い」という印象を持っていた。

試合後、アフター・マッチ・ファンクションがあった。両校のラグビー部に在籍し、２００３年にイラクで亡くなった奥克彦《おくかつひこ》さん＊3をしのび、日本酒で乾杯をした。

その懇親会の席上を含めて、私はいまの学生の気質を垣間見《かいまみ》る。

ロンドンでは当地にある早稲田ＯＢの集まりである稲門会がディナーを用意してくれた。ありがたい夕食にもかかわらず、学生たちは揚げ物を食べなかった。それが高カロリーでアスリートにとっては肥満の要因になるというのは知っている。しかし、日本をはるかに離れたイギリスの地で、早稲田の先輩方がよかれと思って用意してくださった献立である。出されたものをいただくのは礼儀だ。

これはなにも早稲田だからということではない。今回はたまたまそうであっただけで、先方の善意にはできるだけ報いるべきだ。仮に揚げ物の摂取をチーム、あるいは個人が禁じているとしても、その時だけはその禁を解き、翌日からまた食べなければよい。それが本来、アスリートに必要な自己節制であり、人としての当たり前だと思っている。

ラグビー界ではトライを獲った後に「切り替え」という言葉が叫ばれる。「また1から」という意味だが、この懇親会の時のふるまいも切り替えではないか。それはなにもラグビーに限らず、あらゆるスポーツにおいて大切なことではないだろうか。

お酒もしかり。未成年者の飲酒は禁じられており、ラグビー部でも「20歳未満の人間には飲ませるな」と徹底している。しかし、20歳を超え、アルコールが生理的に合わないのでないなら、個人の判断で飲んだらいい。強要はよくないが、注いだり、注がれる、というのは大人のコミュニケーションの中で大事なことだ。アルコールのおかげで、その人との距離がぐっと縮まったりもする。私自身それを経験している。

ある意味、学生たちは徹底しているようにも映るが、私はそれ以上に他人の目を気にしている感じがした。これ食っちゃっていいのか、飲んじゃっていいのか……。言われたこと以外からの発展がない。失敗を恐れて、びくびくしているように映った。いまの学生はすべてに管理されているところがある。そういう時代なのかもしれないが、それだけではめまぐるしく試合の状況が変わる中で、個人が的確な判断を下せない。

ジャージーの持つ重み

監督の権限で、私が最初に変えたのは公式戦のファースト・ジャージーだ。

伝統の黒×エンジの段柄に戻した。白い襟もはっきりとわかるようにつけた。襟はファッションの観点からだけではなく、対戦相手を敬うために必要なものである。

これまでは黒とエンジと使う色こそ同じだったが、脇の部分に「V」の模様を取り入れ、選手が肩を組んだときにVの文字が組み合わさって「W」の文字が浮かび上がるという仕掛けのデザインだった。プロのデザイナーに頼んで作ってもらったようだが、新しいとか古いとかではなく、ジャージーというのはチームの象徴であり、守っていかないといけないもの。そして、ＯＢや関係者やファンも含めてみんなのものでもある。私物ではない。だからこそ、勝手に変えてはいけない。

製作メーカーのアシックスは大学そのものが包括的契約を結んでいるため、デザインだけを元に戻した。鎖をモチーフにつくったというセカンド・ジャージーも以前と同じほぼ白の単色に戻した。そもそもセカンド・ジャージーは対戦相手と色やデザインが似かよった時にだけ着るものだ。私の現役時代は京都産業大学（紺×赤の段柄）と対戦する時以外は着たことがなかった。公式戦はできるだけファースト・ジャージーを尊重するべきである。

山下監督の残してくれた財産

ジャージーの件では見解の相違があったが、前任の山下監督はさまざまなよいこともチームに残してくれている。

S&C（Strength and Conditioning：ケガを予防しながら、筋力トレーニングを中心に選手の特定の競技に対する能力を高めること。ラグビーに限らず現在のスポーツでは不可欠な領域）にフォーカスして、専門のコーチを呼んできた。選手たちのコンタクト能力を上げ、ラグビーにおける格闘技的要素の改善をした。ブレイクダウンで当たりが弱ければ、ボールは相手に取られてしまう。連覇を続ける帝京に勝つため、相手の強いフィジカルに負けないようにしようとした。私が就任から2年で優勝できたのも、この山下監督の地道な下地作りがあったからこそである。

山下時代には寮の食事も改善された。栄養士を入れて、バランスやカロリーを計算してもらい、その献立を作ってくれる専門の業者も呼んできた。Ｓ＆Ｃを積み上げていくためには、ベースとなる体を作る３度の食事も関わってくる。山下監督はそこにも手を加えた。質（味）、量ともによくなったと聞いている。寮生は通常、朝夕２食、学休期間中は３食が提供される。一食にはごはん類と麺類の両方が出る。メインのおかずは２品。それに生野菜や納豆、卵が必ずつく。

さらに、山下監督は将来性豊かな選手たちを勧誘し、早稲田に導き入れている。私が就任した時、３年生以下の競技レベルの高い選手はスポーツ、自己、指定校などの推薦制度をフルに活用した結果である。山下監督は就任の1年前から、当時の後藤監督と協力をしながらリクルートをしていた。次期監督になるのが決まっていたからだ。

レギュラークラスの選手を挙げるなら、ＰＲでは久保優（筑紫②）、小林賢太（東福岡①）、ＬＯでは三浦駿平（秋田中央③）、下川甲嗣（修猷館②）、ＦＷ３列では幸重、ＳＨは齋藤、ＳＯは岸岡、ＣＴＢは中野将、長田《おさだ》智希（東海大仰星①）、ＷＴＢでは桑山の弟である淳生《あつき》（鹿児島実③）、古賀由教《よしゆき》（東福岡②）、ＦＢでは河瀬諒介（東海大仰星①）らである。世代の日本を代表する顔ぶれだった。

失われていた部としての一体感

このようなよい取り組みもありながら、山下監督が批判を受けたのは勝たせられなかったことだけが原因ではない。ジャージーのデザインなどを含めて、改革の費用がかかり過ぎた。アシックスとジャージーやスパイクなどのスポンサー契約を結んだことは、大学主導であったとはいえ功績と言える。とはいえ、差し引いても出費は多い。

早稲田のラグビーはあくまで大学スポーツであって、プロではない。「お金がかかり過ぎ」という声は常に上がっていた。潤沢な予算がない中でどうやりくりしていくかを考えるのも監督の大事な役目だろう。

それ以上に問題だったのは、チームが荒れ始めていた、ということだった。安田さんは監督の就任要請時に言った。

「いま、チームはいろいろと間違った方向に行っている」

勝つことに注力するあまり、技量によって分けられたチーム間の交流がまったくなくなっていた。極端に言えば、別のチームがいくつかあるような状態だった。早稲田としてのまとまりは感じられなかった。

早稲田のチームは３つのグレードに分かれる。[*4] Aチーム（一軍）とBチーム（二軍）はシニアと呼ばれる。このシニアは公式戦出場のためのグレードで、私が就任する前は監督と特定のコーチのみが見ていた。そして、Cチーム（三軍）以下はジュニアやコルツと呼ばれ、別のコーチが専任指導する。グレードによって練習時間は違い、顔を合わせたり、話をすることも少ない。選手の降昇格を決める「内ゲバ」と称する部内マッチもほとんどなかった。

シニアと呼ばれるトップチームの特別扱いは、クラブ全体のパワーが、部員たちを代表してピッチに立っているはずの選手たちに向けられていないことを意味していた。部員たちはのちに取材を受け、その状況を語っている。

「それがいいか、悪いかは別にして、Aチームは Aチーム、という状態だったのは事実。ほとんどが別行動だった」

「正直、下のチームが何をしているかわからなかった」

ジュニア以下の選手が、「おまえらは特別扱いされているからいいよな」とレギュラー組にくってかかり、「そんなこと言ってるから、おまえらはダメなんだ」と非難の応酬になったこともあった、と聞いていた。

公式戦出場をするシニアに特化するあまり、プロチームのような状況になっていた。教育的な配慮を必要とする学生のチームではない。

私は月刊専門誌の『ラグビーマガジン』（ベースボール・マガジン社）の田村一博編集長から取材を受け、胸の内を語った。それは2018年の9月号に掲載された。タイトルは「おっさんに任せろ。」とつけられていた。

〈前監督は、創部100周年の重責を担う立場、で3年間を任されていた（著者注：実際は2年で辞任）。そんな中で、急いで結果を求めるがゆえの歪みが起こった。100周年という節目の年に必ず結果を残さなければならないなら、ある一定層の選手だけにフォーカスした強化は、冷静に考えたなら間違ったやり方ではないかもしれない。そのミッションの中で仮に自分が監督を任されても、同じことをした可能性もある。

ただ、100人以上いる学生のモチベーションは考えないといけない。ここに人生を懸けたいと思って入部してきた学生の多くが、自分たちはノーチャンスと感じてしまう空気は、１００年積み上げてきた早稲田ラグビーとは違う。そこを取り戻すために、昭和のおっさんに声がかかったと思う〉

私が学生の頃はレギュラーとそうでない部員の違いは少なかった。試合前調整が違うこと。鍼灸の治療費が出たこと。当時、部のオフィシャル・サプライヤー的存在だったスズキスポーツのスパイクがもらえたこと。優先的に寮に入れたことぐらいだった。基本的にはみんな一緒。そして、「内ゲバ」は毎週のようにあり、上と下の入れ替えも頻繁にあった。選手たちのモチベーションは高かった。

うまい下手によっての差別もない。箸にも棒にもかからないとしても、その頃はみんな意志を持って入ってきていた。だからこそ、一度仲間と認めたのなら、指導陣はどんなに下手でもその選手をあきらめさせてはいけないし、成長させなければならない責任を感じていた。切り捨てるのは簡単だが、その選手のためにはならない。全員が同じ絵を見て突き進む先に、『荒ぶる』を歌う状況が現れる。その雰囲気や風土を改めて作らないといけない。

卒業していく部員が早稲田に来て、ここでラグビーをやってよかった、ここにいてよかった、というクラブにする。試合に出られなかった4年生に最後の公式戦の後、「終わった、終わった」とつぶやかせてはいけない。4年生はどの学年よりもまとまらねばならない。そして、どういう姿で卒業をしていくのか。その姿を見て、下の学年はついてくるし、成長していく。私の知っている早稲田は、特にそこを大切にしてきたはずである。ラグビーを教え、結果を残しながら教育を施す。この両立は難しいことながら、指導者に推された以上、成し遂げなければならないことではあった。

（＊1）委員
早大ラグビー部独特のシステム。主将、副将、主務以外に3〜4年の上級生の中から数人を選び、委員会を構成する。かつては、サラリーマン監督が普通で、週末しか練習や試合を見られなかったため、委員会で部の運営方針、その週の練習内容、試合出場メンバーなどを決めていた。現在は責任問題に対する時代の変遷で監督の権限が強くなっている。委員会は通常、オフである毎週月曜の夜に開催。

（＊2）オックスフォード大学

初来日は1952年（昭和27）。早大は9月17日、OBを含めた全早大で対戦。8―11と惜敗した。オックスフォード大はその後、日本代表と10月1日に大阪・花園、10月5日に東京ラグビー場で対戦。35―0、52―0と連破した。この2試合を日本側はテストマッチ（当該協会が認めた国際試合）として認め、キャップ対象試合とする。日本ラグビーにとっては戦後8年目にして初の国際試合になった。その大学創立は11世紀末。英語圏ではもっとも古く、世界でもトップの評価を受ける。今上天皇も留学されている。ケンブリッジ大はこの大学から分離。両校はラグビーでも「バーシティ・マッチ」と呼ばれる年1回の定期戦を組んでおり、出場した選手は文武両道とみなされ、ジャージーの色から「ブルー」と呼ばれる。その称号を持つ日本人選手は元日本代表の林敏之（LO）や箕内拓郎（NO8）、現役では三菱重工相模原の土佐誠（FL）がいる。

（＊3）奥克彦

1958年（昭和33）1月3日～2003年（平成15）11月29日。外交官。兵庫県出身。県立伊丹高から早大に進む。2年までラグビー部に在籍したが、外交官試験を受験するために退部。81年、卒業と同時に外務省に入省する。82年にオックスフォード大に留学。ラグビー部に所属する。イラン、アメリカ、イギリス大使館に勤務した後、2003年からイラクに長期出張。当時の復興人道支援室と日本政府間の調整役となる。同年11月29日、イラク北部を移動中、何者かの銃撃を受け殉職。死後、大使の称号を付与される。

（＊4）早稲田のチーム編成

シニア、ジュニア、コルツの3つのグレードに編成される。シニアはA（一軍）とB（二軍）と呼ばれる2チームからなる。ジュニアはC（三軍）とD（四軍）からなり、ともに40人ほどで構成。コルツは1〜2年生中心の育成チームで30人ほどがいる。相良監督の方針により、4年生はDチームまでに入れる。グラウンドにおける平日の練習開始時間はシニア16時、ジュニア18時。室内で行うウエイトトレーニングと入れ替える。

第３章
早稲田のＤＮＡ

11月に入り、シーズンが深まってくると、
部室の前に「緊張」の文字が掲示される　2018年11月
写真：松本かおり

まず学生たちに答えを出させる

2018年4月から早稲田の監督として、上井草のグラウンドに立った。

新年度が始まる前に、私はコーチ陣に指導方針を示した。

「答えを我々が出さない」

私が望む「主体性」を育むためには、これまで通りコーチたちが答えを出して、「これをやれ」というのはよくない。自分たちで答えを導きだす。オックスフォード遠征時のディナーのようなことはなくさなければならない。

「君たちはどうしたいの？　好きにやったら」

そこをスタート地点にした。うまくいかなければコーチに相談する。コーチはヒントを与える。そこでまた考える。このやり方は時間がかかる。コーチが答えを提示し、やらせてしまうほうが楽だが、それでは選手たちの主体性が育たない。それがないと、ラグビーが上手にならないし、試合に勝てない。それにもっとも重要なのは、彼らの人としての成長もない、ということだ。

私は「こうしろ」と断定口調は使わない。「こうしたらいいんじゃないか」と話す。学生たちに考えてもらいたいからにほかならない。

すべてのコーチが全部員を見る

同時に私はコーチ陣に学生たちへの寄り添い方も提案した。

「私も含めてコーチみんなですべてのグレードの練習を見よう」

分担制はやめ、上から下までの全部員をコーチ全員で見る。こうすることで、部員たちが「見てもらっている」という気持ちになり、励みになってくる。機会均等の原則を逸脱することもなくなる。グレードによって起こるクラブの溝をなくせば、帰属意識はより高まる。コーチ一人ひとりの負担は増える。しかし、それが我々の仕事である。そのためのフルタイムのコーチである。

前年には学生コーチもいたが、その制度はやめにした。「誰を使う」というデリケートな話に学生を入れるのはよくない。そうしないために、フルタイムとしてのコーチが私を含めて４人もいる。何より、選手として入ってきてくれた限りは、まずは「赤黒」を着ることを目指してほしい。もちろん、コーチとしての適性があれば、ケースバイケースで考えたいとは思っている（もちろんマネージャーやトレーナー、そして分析など最初から専門分野を目指して入ってきた学生たちはこの限りではない）。

早稲田スタンダードの徹底

日々の練習での具体的な方針は語り継がれてきた「早稲田スタンダード」をベースにするようにした。それを知らない部員も多かったので就任1年目の『鐵笛《てってき》』[*1]に改めて書いた。私が学生の時にはこれらのことは普通に行われていた。

①キツい時（疲れた時）に膝に手をついて顔を下に向けない＝相手に「弱さ」を見せない。
②ゴールラインを全力で切る＝フィットネス練習で常にゴールを切っているか。
③トライをとるまでサポートをし続ける＝「トライだ」と思っても、トライになる瞬間までサポートを緩めない。サポートを緩めたばかりに、トライをとり切れなかった、あ

るいはターンオーバーされた局面はないか。
④相手に抜かれても最後まであきらめずバッキングアップをする。最悪、トライまで持っていかれても、できるだけグラウンドの端にグラウンディングさせ、コンバージョン（ゴールキック）の難易度を少しでも上げる＝相手にやすやすとポール下にトライを許していないか。
⑤相手、あるいは自分たちのミスによるイーブンボールの働きかけで絶対に負けない。相手に「ミスが許されない」という無言のプレッシャーをかける。早稲田のミスにはつけ込めないということを相手に感じさせる＝自分の目の前で相手が落としたボールを「ノックオン」とセルフジャッジして漫然と眺めていないか。

そんな当たり前のことなの？　と思うかもしれないが、この当たり前を早稲田の歴史の中で諸先輩方が大切に積み重ねてきた。これこそが普遍的な早稲田スタンダードである。これは脚の速い遅い、体の大小、スキルのあるなし、チームの上下などの個人の能力に関係ない。心がけひとつで誰もができることだし、また勝つためには誰もがやらなければいけないことでもある。

私は翌年の『鐵笛』にも同じようなことを書いた。「奪還」という題だった。そこには1年目をベースに、さらにプラスして書いたこともある。

⑥「早いセット」を意識して、練習間でジョギング移動をしているか。
⑦どんな状況下でも、「Detail」（ディテール＝細部）と「Quality」（クォリティー＝質）を意識してプレーしているか。
⑧「ミス」でプレーが終わった時に、そのままにしていないか。
⑨常に競争意識を持っているか＝「レギュラーを死守するために」「赤黒を着るために」「一つでも上のチームでプレーするために」など。

ポジ練復活

具体的には伝統的なポジション練習、通称「ポジ練」を夏以降に復活させるようにした。チームの方向性を語ったのと同じ『ラグビーマガジン』（2018年9月号）に私のポジ練に対する思いが次のように書かれてある。

〈サイズアップ、筋力アップに主眼を置いていた（前体制の）2年は、S&Cの観点からトレーニング時間の制限があったので、ポジ練をやるのは難しかった。私が就任したときにはすでにトレーニングの期分けができていたので、春シーズンはそのままでいくが、コミュニケーションをとって、これから先は少しずつ変えていく〉

このポジ練は全体練習が終わった後、ポジションごとに集まって自分の課題に取り組むことだ。自主的な居残り練習である。私のポジションだったFLならキックをチャージする。SHならパス。15分くらいでは身につかない。希望を言えば1時間くらいはやってほしい。その時間の積み重ねが、最後には必ず効いてくる。

いまの学生はレギュラーと比べられると最初に言い訳をすることが多い。「あいつはうまいから」。それで自分を納得させる。少子化で大切に育てられたことが理由かもしれないが、比較されることを嫌がる。結果、自分の現在位置を客観的に見られない。でも、心の奥底では「赤黒は着たい」、「試合には出たい」という思いはある。では、どうすればそうなるかを自分自身で考えるべきだろう。ポジ練はその望みを現実化するひとつの方法だ。

現在はS&Cコーチによって運動量や強度が管理されている。その中でポジ練の時間を取るのは難しいかもしれないが、たまには「もうやめとけよ」と言われるくらいまで練習することがあってもいい。レギュラーと同じことをやっていても試合に出られる確率は少ない。ポジションの争奪は相対的なものだからだ。

ラグビーは15対15で戦うスポーツだが、私は人とつるむのが好きではない性格もあってか、組織を意識したことはあまりない。ポジションごとに求められるものはあるが、最終的には個々が大切だと思っている。役割を果たす責任感、プレーの判断など、個がしっかりしている先に組織がある。学生の時もそうだったし、いまもそう思っている。

その個の役目を果たすためにもポジ練は必要だ。自分にとっての最高の場所へと導いてくれるはずだし、なにより努力を重ねたプロセスは社会人になってから必ず生きてくる。下級生は強制的にでもやらせたほうがいい。専門的なスキルは間違いなく上がる。上級生は教えることによって、自分自身にも学びがある。

それにこれは二義的なものではあるが、ポジ練をすることによって4年から1年までの縦のつながりができる。大学のクラブでは横の同期意識は強いが、このポジ練をすることによって、上下の関係が強固になる側面もある。縦と横のどちらのつながりも強ければ、それはチームの結束に反映され、その強さに芯が入る。
練習時間の関係上、ポジ練は所属するグレードごとでの練習になってしまうが、同じポジションのライバル同士が、アドバイスを送ったり、課題を一緒に考え、切磋琢磨するべースには「優勝」というチームの絶対的な目的がある。個々が個々のために集まってする練習が、結果的にチームの結束に影響する。仮に自分が試合に出られなくとも、全力を出し切って敗れた相手なら、心の底から応援できる。そういう効果もある。

このポジ練のもたらした早稲田の伝統的プレーのひとつにスクラムのダイレクトフッキングがある。通常のスクラムでは、ＳＨが投入したボールをＨＯがフッキング（かき出すこと）し、そのボールをＬＯかＦＬが止めてコントロールする。だがダイレクトフッキングの場合、ＨＯが強くかき出したボールを直接スクラムの外に出す。多くの場合、スクラムが劣勢のチームがスクラムにかける時間を少なくし、できるだけ押されないようにする技術だ。

だが、私はこの技術をネガティブな状況だけでなく使いたかった。スクラムへのボール投入とほぼ同時にＮＯ８がボールを持ってサイドを突くなら、相手はテンポが変わって守りにくい。私たちの時代はダイレクトフッキングをわざとＦＬあたりで止めて、相手ＳＨのオフサイドを誘ったりした。相手は速い球出しを予測して一気に飛び出すが、ボールが止まっている状況でこちらのＳＨにチャージをかければ、ペナルティーになる。ＰＧの３点をもらえる可能性はあるし、そうでなくても次からは相手の出足が鈍って来る。

ただ、この技術を完成させるには、ボールを落とす位置やタイミング、かき出す足の動きなど、ＳＨとＨＯの繰り返しの練習が必要になってくる。それを完成させるのがポジ練だ。

「練習をしておくように」

関係するポジションの選手たちには伝えていたが、得点として現れたのが、２０２０年の大学選手権の決勝だった。

38―28と明治に10点差にまで追い上げられた後半34分、ダメ押しとなるＷＴＢ桑山淳生のトライはダイレクトフッキングから生まれた。早稲田ボールスクラムからＮＯ８丸尾崇真（早実③）が瞬間に右サイドを突き、抜け出している。ＨＯ森島大智（早実④）がＳＨ齋藤の投入したボールを一気にかき出すことによって、それを予期していなかった明治のディフェンスに一瞬の反応の遅れが生まれた。

伝統のポジ練が私たちに成功を運んできてくれたひとつの例だった。

継承と創造

ダイレクトフッキングを含め、先人たちが１００年かかって積み上げてきたものを守るのは「継承」である。そこに時代に応じた新たなものを加えていく。それが「創造」だ。私はこの継承と創造の２つが早稲田にとっては大切だと考えている。同じ『ラグビーマガジン』にそのことを話している。

〈最近の流行のラグビーのディテールはコーチたちが詳しいので、そこは任せる。自分が大事にしたいのは、ラグビーの原理・原則であり、普遍的なもの。ラグビーは陣取り合戦であり、ゲインラインの攻防が大事。その大事な部分に、早稲田に継承されているものものも使っていきたい〉

ゲインラインとは、スクラム、ラインアウト、モール、ラックにおける中心をゴールラインと並行させてタッチラインへ延長させた線で、攻防における基本線のことだ。これを越えることを「ゲインする」と言う。攻めるときは、いかにゲインを重ねるか、守るときは、いかに相手にゲインを許さないかが重要だ。これは時代の変化とは関係ない大原則だ。

ディフェンスの基本はディフェンスラインが一線になって、相手の球出しと同時に前に出るシャロー。これは早稲田の伝統である。前に出ることによって相手の時間と空間を奪う。まずは1対1のマンツーマンの守りをしっかりする。それができてから、次にシャローアウト[*2]をやる。エキストラマン（攻撃ラインに参加するFBやブラインド〈反対側〉のWTBのこと）などによって、数的不利になって抜かれるケースに対応するためである。

アタックに関しては、ナインシェイプ[*3]という陣形に、早稲田伝統のアウト・アウトやアウト・イン（「アウト・アウト」は外に出て、外に逃げるステップ。「アウト・イン」は外に出て、内に切れ込むステップ）を融合させ、まっすぐに突進するだけではなく、変化をつけたかった。ウチにはラン能力にも秀でた齋藤というSHがいるので、彼を軸に選手たちがその動きをマスターできれば、相手は相当に守りづらい。大きな得点源になると考えていた。

その創造のために私は現役として活躍するOBが望んでくれれば、臨時コーチとしてセッションをしてもらった。前任者の時は、遠慮してもらっていたようだ。その気持ちもわかる。指導方針に沿わないことを教えられたら、部員たちが混乱して困る。ただ、その部分は事前にすり合わせておけばよいし、何より彼らはＯＢである。この上井草のグラウンドに顔を出す資格はある。我々指導陣も最先端のラグビーを教えてもらいたいし、部員たちも刺激を求めている。

布巻《ぬのまき》峻介（２０１４年度卒、ＦＬ、日本代表キャップ7、パナソニック、東福岡出身）が最初に顔を出してくれた。彼は大峯コーチの同期だ。また大学時代に彼がＣＴＢからＦＬに転向したとき、私が第３列のコーチをしていたこともあり、もともとよく知っていた。布巻から連絡があって、ディフェンスの仕方などを聞いていたら、「見に行っていいですか」と言ってくれた。「いま、どういうことをやっているのか」という気遣いをしてくれた上でコーチングに入る。「日本代表ではこう、サンウルブズではこう」と実技を交えて具体的に話してくれた。学生にとってはありがたかったし、私たちの日々の指導にそう大きな方向性の違いがないことも知ることができ、収穫があった。

金正奎《きんしょうけい》（２０１３年度卒、ＦＬ、日本代表キャップ7、ＮＴＴコミュニケーションズ、常翔啓光出身）や同期の垣永真之介（ＰＲ、主将、日本代表キャップ9、サントリー、東福岡出身）、千葉太一（２０１６年度卒、ＰＲ、リコー、早実出身）なども上井草に来てくれた。千葉は若手なので、実際にスクラムを組んでくれた。

ＯＢたちには申し訳ないが、こちらは「いいとこどり」をさせてもらいたい。知恵が欲しい時は頼るつもりだ。これからは、ＯＢも含めた「オール早稲田」としてその強さを維持していけたらと考えている。

すべては上井草にあり

現役の時、宿澤広朗《しゅくざわひろあき》さん＊4にＯＢ懇親会の席で「すべては東伏見にあり」＊5と教えてもらった。私はいまでもその言葉を大切にしている。

この言葉は4年生の時に、対抗戦の早明戦が終わった後、国立競技場の横にある日本青年館での現役とＯＢの懇親会の席上で発せられた。当時、日本代表の監督だった宿澤さんは壇上であいさつされた。「すべては東伏見にあり」の真意はこうだ。

「日々、突き詰めて練習をしているのか。詰めは甘くないか。東伏見で練習した以上のものは試合で出せない。すべてはここで創り出される」

その数時間前の早明戦は12―16で敗れた。負けた悔しさもあって、私は素直に宿澤さんの言葉を受け入れられなかった。しかし、続く大学選手権の準決勝で大東文化に12―22と敗れ、自分の大学生としてのラグビーが終わってから、その言葉を認めざるを得なくなった。「突き詰めてやったのか」と問われると、「はい」と素直に言えない。いまも後悔が残っている。

宿澤さんには大学時代、母校の早大学院の監督だった竹内素行《もとゆき》さん（1972年度卒、FL、早大学院出身）を通して、アドバイスをもらった。宿澤さんと竹内さんは早稲田の同期でもあった。

「シュクが言っていたよ。おまえがポイントに全部行くようになったら、もっといい選手になるって」

このアドバイスをもらった時は大学3年くらいだったと思う。レギュラーになり、選手権優勝をした後だった。私の中で必死さがなくなり、要領よくこなしだした時期だった。ポイントには2回に1回しか行かなくなっていた。宿澤さんは怠けていた私を見抜き、いまで言うワークレート（仕事量）の高さを説く。監督やコーチでもないのに、よく自分のことを見ていたと思う。

宿澤さんが言うように、東伏見で練習した以上のものは出せない。すべてはここで創り出される。いまは「すべては上井草にあり」。継承と創造が溶け合った日々を学生たちと過ごせるならば、それは幸せなことに違いない。

（＊1）『鐵笛』
1925年（大正14）に初めて出版されたラグビー部の部誌。監督をはじめ部員らの日本一やレギュラー奪取への思いなどが記されている。毎年、夏合宿に刊行される。

（＊2）シャローアウト
シャローの派生形。前に出ながら、一人ずつ外にずれる守備システム。相手がエキストラマンを入れてきても、余っている状況を作らせない。昔は「ドリフト」と呼ばれ、1980年代にフランス代表が創り出したとされる。日本では外国人留学生のいた大東文化がいち早く採り入れ、第23回大学選手権（1986年度）で初優勝を飾っている。その時、早稲田は決勝で10―12と惜敗した。

（＊3）シェイプ（Shape）
ポッド（後述、第4章＊2）と並び現在の戦術の柱をなす。シェイプはSHとSOの周囲にFW選手を複数配置するやり方で、ディフェンス側からすればどこにボールが来るか的を絞りにくくなる。相良監督は特にSHを軸に動く「ナインシェイプ」を戦術の柱とすることを考えていた。シェイプはオーストラリアが発祥と言われている。意味は「形状」。

（＊4）宿澤広朗

１９５０年（昭和25）9月1日～２００６年（平成18）6月17日。ラグビー指導者、銀行家。埼玉県出身。熊谷高でラグビーを始め、早大に進む。4年時には主将。１９７２年度卒。ＳＨとして日本代表キャップ3を持つ。１９８９年から91年まで日本代表監督。89年5月28日には秩父宮ラグビー場でスコットランドを28―24で破る。これはイングランド、スコットランド、ウェールズ、アイルランド、フランス、南アフリカ、オーストラリア、ニュージーランドのＩＲＢ（International Rugby Board＝国際ラグビー評議会、現ＷＲ＝ワールドラグビー）の主要8ヵ国から日本が挙げた初の白星になった。91年の第2回ワールドカップではジンバブエに52―8で快勝し、こちらも大会初勝利を挙げた。94年には早大監督もつとめた。大学卒業後は住友銀行（現・三井住友）に入行。取締役まで上り詰めるほど、仕事でも有能だった。

（＊5）東伏見

かつて、早大ラグビー部のグラウンドや専用寮があったところ。最寄り駅は西武新宿線の東伏見。以前は保谷市、現在は西東京市になる。１９２８年（昭和3）、大学からグラウンドを割り当てられ、都内の戸山から当地に移った。以後、早大ラグビーの本拠地になる。周辺の商店では部員が飲食したり、アルバイトをしたりしていた。毎年7月には第一部歌からつけられた「北風祭」を開催。元々は寮を建ててくれたOBに感謝する集まりだったが、次第に地域の人々との交流イベントに形を変える。2002年（平成14）、清宮監督の時に上井草に移転。河川工事でグラウンドの一部が使えなくなったため、代替地として示された。現在の上井草グラウンドはフルサイズの天然芝に人工芝のサブグラウンドも併設。スクラム練習場やトレーニングルームも備え、定員40人ほどのラグビー部専用寮もある。

第4章
変化

早明戦　2018年6月17日
早稲田メンバー、左から松井丈典、三浦駿平、千野健斗、貝塚陸
写真：早稲田大学ラグビー蹴球部

Moving

1年目のチーム目標を定めた。

「大学日本一とジュニア選手権[*1]でのカテゴリー1への昇格」

チームスローガンは「Moving」にする。

「動く」という意味を持つMoveの現在進行形。試合や練習中に止まっている時間をなくす。ポイントからポイントへの移動は常に走る。できるかどうかは別にして、その意識を持ち続けたい。これは佐藤主将以下4年生が考えた。

3月にオックスフォード大に遠征した時、試合前のミーティングで私が、早いポジショニングや常に先に仕掛ける、といったような注意点を挙げた。それらを参考にしたようだ。4月17日の全体ミーティングで発表され、早稲田の2018年はこのスローガンを掲げて戦うことになった。

私はチームスローガンを作って、毎年違うものにする必要があるのか、という疑問を持っている。このチームには「早稲田スタンダード」というものがあり、「日本一」の目標がすでにある。しかし、いまの学生たちがそういうものに慣れ、毎年毎年、気分を一新してラグビーに向き合えるなら、それはそれでいいのではないだろうか。

戦術的なことに関してはＦＷのいる位置を固定するポッド[*2]をやめた。

ポッドは悪いことではない。しかし、10年、王座から離れている早稲田にとって必要なのは、まずは全員でボールを追いかける意識だ。全員でボールを奪い、つなぎ、トライを獲ればいい。ポッドはそれができてからの上級戦術だ。順番が逆である。

それにポッドはあまりにも分業制に過ぎる。うまくいっている時はいいが、ミスが出て崩れた時にＦＷが点在している状況では反応できない。ポッドはＮＺ代表オールブラックスが有名だが、彼らは裏に抜けたら担当エリアを捨てて、湧くようにサポートがついてくる。ウチの学生はそのレベルにない。エリアが決まっていれば、それ以外の場所で何かが起こっても、そこに行く意識を消してしまう。いまの早稲田に足りないのは、予期せぬことが起こった時、台本通りにいかない時の反応である。まずは全員でボールを追いかけること、常に相手の穴を見つけるために頭を働かせることだ。

ふがいなかった春季第一戦

オックスフォード大との試合が初采配になったが、本格的に指揮を執ったのは4月22日の大学春季大会[*3]が最初である。前年、対抗戦4位だった早稲田は4〜6位が入るBグループ（二部相当）所属だった。

対戦相手は同じ対抗戦で6位だった日本体育大学。前年成績では格下、上井草でのホームゲームにもかかわらず、22―32（前半15―20）で負ける。

試合後、私は珍しく怒った。おそらくこの2年間でチームに対して声を荒らげたのは、この時だけではないか。前年の下位チームに負けたからでもないし、私自身が初陣を飾れなかったからでもない。チャレンジのない後ろ向きの姿勢に腹が立った。「Moving」というスローガンを掲げておきながら、動きまくらない。言葉はまったくお飾りになっていた。

選手たちはおっかなびっくりやっていた。見るからに自信がなさそうだった。ミスボールへの飛び込みもサポートもバッキングアップもない。これまでの戦術でポッドを採り入れていたので、型にはまっているのは仕方ない。これまでのことはすぐには変えられない。それは理解しているが、選手たちに一生懸命さが感じられなかった。逆転されても、なにがなんでも再逆転するぞ、という意欲も見えない。

挙げ句の果てに、ＰＫをとられて転がってきたボールを外に蹴り出した選手がいた。レフェリーが笛を吹いて、すかさずポイントを10メートル後ろに下げさせる。不行跡（非紳士的プレー）だ。こういう反則を早稲田がとられてはいけない。そういうことも含めて、選手には怒りをぶつけた。

「どうしてチャレンジをしない？　春は勝ち負けが大事じゃない。失敗から学ぶことが大事なんだ。だからどんどんチャレンジをするべきなのに、今日はその姿勢がまったく見られなかった。監督が替わって、思うようにいかないのは私のせいにしてくれていい。でも、その前に自分たちがやるべきことをやっていないんじゃないのか」

我々は挑戦者だ。そんなことをしていたら念願の日本一には到底なれない。

ただ、それは彼らだけの責任でもなかった。少子化の影響がここにも出ている。子供の数が少ない分、両親は大切に育てる。それはいいのだが、大切に扱うことが過ぎ、失敗をさせたくないという思いで親が先にレールを敷いてしまう。子供たちもそういう環境に育っているから、失敗してもまた次がある、とは思いにくい。

でもこれはラグビーだ。チャレンジして成功すれば素晴らしいし、失敗してもそれによって課題が明確になる。その課題を練習で克服することができれば、個人もチームも伸びていく。失敗しない限り成長はない。出ている選手らは「そんなこと言っても、失敗したらやっぱり怒るんだろ」と思ったかもしれないが、私はそのことを根気強く言い続けた。変化には時間がかかる。

ただ、言い続ければ、チャレンジすることへの恐怖がだんだんと薄れていくものだと思っていた。

天理大戦完敗で痛感した現状の力

この春、3年生ながらエースに成長していたSHの齋藤とCTBの中野将はサントリーの練習に参加させた。チームに帯同させなかった。

2人はビジネス的に言えば「インターン」。サントリーは彼らが2年生の時から声をかけており、そのリクルート戦略に乗った形になった。彼らのようなチームにとってのコア・メンバーはレベルの高いところに放り込んだほうが成長する。チームとしてもトップリーグチームでの経験を持ち帰ってもらえることは歓迎だ。

２人にとっては大変だったと思う。上井草の寮から大学に向かい、練習はサントリーの府中グラウンドに行き、また寮に戻ってくる。その生活を４ヵ月ほど続けた。

効果はあった。私が彼らを見たのは夏以降であるが、明らかに視野が広がっていた。特に中野将は１８６センチ、１００キロ近い体を利して、それまではペネトレーター（突破役）だったのが、自分で行く「表」とおとりになる「裏」のプレーをうまく使い分けられるようになってきた。齋藤はサイドを突く時のプレー選択の引き出しが増えた。当時の沢木敬介監督あたりから教わったと思うが、チームを預かる者としてはありがたかった。

２人を起用しない分、ＳＨとＣＴＢのポジションではほかの選手の台頭を待った。秋には齋藤と中野将を軸にするが、ケガでの離脱は十分に考えられる。いなければいない中でどうするか。誰が上がってくるのか。その中で、ＳＨは貝塚陸（本郷④）や堀越友太（早実④）、ＣＴＢは伊藤大貴（中部大春日丘④）らが起用された。堀越は私の大学時代、１つ上の主将だった堀越正巳《ほりこしまさみ》[*4]さんの長男である。

私が就任まもなくということもあり、試合のメンバーはコーチにたたき台を作らせた。

彼らが前年から持っているイメージを参考にした。試してみたい選手や選手層を厚くすることを彼らなりに考えてくれてはいる。それに従う形をとった。

たとえばSO加藤皓己《こうき》（函館ラ・サール③）を使ったのはポジションも学年も岸岡と同じで、バックアップメンバーとして考えており、LO中野幸英（本郷③）はFW2列目の底上げを考えてのことだった。

チームとしてのターニングポイントの試合は6月10日に訪れた。

対戦相手は天理。[*5] 兵庫県ラグビー協会の招待試合として、神戸総合運動公園で対戦した。結果は14－59（前半7－19）と完敗する。トライ数は2－9だった。

春はここまで、春季大会と招待試合を3試合ずつ計6試合こなし、3勝3敗だった。負けるにしても最多得失点は筑波との17だったので、そう大きな痛手はない。しかし、この日はなにもできなかった。学生日本一を目標に掲げてはいたが、いまのチームの立ち位置をまざまざと思い知らされることになる。

早稲田はサントリーに行っている齋藤と中野将、それに新入学のCTB長田、FB河瀬らは使わなかった。1年生を入学2ヵ月ほどで起用するのは早いと考えた。

先発した背番号順にいくとFWは井上大二郎（千種④）、宮里侑樹（名護商工④）、久保、三浦、松井丈典（旭野④）、幸重、柴田徹《てつ》（桐蔭学園③）、沖野玄《はるか》（函館ラ・サール③）。BKは堀越、岸岡、梅津《うめつ》友喜（黒沢尻北③）、伊藤、桑山淳、安部勇佑（國學院久我山②）、南徹哉（修猷館②）だった。

一方の天理はU20日本代表のチャンピオンシップに5人を派遣するなど、実質8人落ちだったようで、さらに3人の外国人留学生の枠を一つ（NO8ファウルア・マキシ、現・クボタ）しか使っていなかった。将棋で言えば、「飛車角金銀落ち」でやっての大差負け。私はショックを受ける。

後半37分にはスクラムをまっすぐ押さず、回した「イリーガルホイール」で認定トライも奪われる。このトライは私の気持ちどうこうよりも、チームとして屈辱だった。そのプレーがなければ、天理が押し込んでトライをとっていた、という判定で、彼我の差が具体的に現れていた一場面だった。

天理はいいチームだった。2大会前の大学選手権（53回、2016年度）は4強入り。この招待試合のあった年の大会（55回、18年度）は準優勝する。明治に17―22で敗れたとはいえ紫紺のジャージーを後一歩まで追い詰める。

私はこの神戸での試合後、ロッカールームで選手たちに言った。

「スタンダードを上げていかないと、大学選手権の4強以上には行けない」

指針として「早稲田スタンダード」を打ち出していたが、言葉として「スタンダード」を使ったのは初めてだったと思う。それくらい両チームが持つ標準に差があった。

メンバーの顔ぶれを見た場合、こちらは劣っていない。天理には外国人留学生はいるけれど、日本人選手でそこまで有名な選手は多くない。むしろ、高校時代の実績でいえばこちらが上である。ところがチームにおけるスタンダードに大きな違いがあった。天理の動き出しは速く、ひとつひとつのプレー、タックル、パス、セービングは正確だった。8人落ちで代わりの選手が出てきても、これだけのことができる。昔の早稲田のようなチームだった。天理には「勝つ文化」ができあがっていた。

早稲田はまだまだ取り組みが甘いことがわかった。この差を埋めていかないと、トップチームには追いつけない。同時に、高校時代の肩書がなくとも、鍛え方によって学生は強くも弱くもなる。そういうことも考えさせられた一戦になった。

まずは組織ディフェンスから

天理を見て特に強く感じたのは、ディフェンスが前に出てこちらにプレッシャーをかけ続け、組織的に動いている、ということだった。一人ひとりが役割を果たしている。私が理想とする形になっていた。

前述したように、ラグビーはゲインラインの攻防である。この時、ディフェンス側は前に出ることによって、ゲインラインがとれる。大学レベルであれば、判断する時間も奪える。特に外国人留学生のようなフィジカルが強い相手に、待って横に流すディフェンスはすべきでない。ずれ際を力で突破される。小が大に勝つのは早稲田のスタイルであり、まず前に出るのは継承する意味からも当然だった。

アタックはいくらでもできる。攻める練習はみんな好きだ。点を取るのは楽しい。しかし、レベルが高い試合になればなるほど、お互いのディフェンスはしっかりしてくる。長年ラグビーを見てきて、高校の全国大会がその象徴だし、ワールドカップの決勝トーナメント以降も同様だ。実力伯仲の試合ではいかに辛抱できるかが大きな要素になってくる。

点を与えなければ、相手にはそれが重圧になってのしかかる。辛抱が利けば、その分、好きなことができる。

アタックは選手のキャラクター（能力）に左右される。ディフェンスはキャラクターがなくても計算しやすい。いや計算間違いは起こりにくい。監督になる10年ほど前に大阪・啓光学園（現・常翔啓光学園）を率いた記虎敏和《きとらとしかず》先生*6のことが書かれている本を読んで、先生も私と同じ考えなんだ、とうれしくなったことを覚えている。

三井コーチはその記虎先生の教え子である。高校時代に連覇を経験していた。東芝を辞めた後、NZに渡っていた。その時にメールが入ってくる。帰国した時に話してみて、「やりたい、役に立ちたい」という気持ちが伝わってきた。それで私が就任した時にコーチ陣に加わってもらった。

「ディフェンスを見てほしい。啓光出身だろ。わかるよな」

彼は最初、アタックを教え込みたいようだったが、「お役に立てるところで」と指導をしてくれた。

ディフェンスの練習では前に出る意識を徹底する。ワンラインで並ばせて、5メートル出て下がる。また上がる。その時に、並んでいる面を崩さず、スピードアップすることを絶えず言った。同時に、試合形式も含めディフェンスが入る練習ではオフサイドを犯させないようにもさせた。いかにタックルがよくても、反則をすれば台無しだ。その見極めはコーチや学生レフェリーが担う。学生レフェリーにとってはこの笛によって、チームの一員という意識が持てたと思う。

反復練習を重ね、選手たちには体で覚え込ませた。

明治戦で上昇の兆しを感じる

天理戦の１週間後、６月17日には春の早明戦があった。今度は愛知県ラグビー協会の招待で豊田スタジアムで戦った。スコアは５―29（前半５―17）。明治に負けて、点差こそついたが、ここはまだ手応えがあった。もっと大敗すると思っていた。

この前週は練習の強度を上げる。相手をつけた実戦形式の練習ではフルコンタクトでバチバチにやらせた。あまりこういうことはさせないのだが、天理に粉砕された悔しさと激しい練習が重なって、目標にしているディフェンスで前に出る、という姿勢が見えるようになってきた。トライは４本獲られたが、前週、天理に簡単に割られていたゴール前のディフェンスが、明治相手に辛抱できる時間が増える。

試合前日の16日には上井草で明治のB戦（二軍戦）と1年生のゲームがあった。2試合とも負けたが、Bは21―33、1年生は12―40と思いのほか頑張ってくれた。この結果などもAチームの励みにはなった。

試合後の明治・田中澄憲《きよのり》監督の感想を人づてに聞いた。

「早稲田は去年とは全然違うチームになっている」

負けはしたが、戦う姿勢ができてきて、その雰囲気を6歳下の敵将に感じ取ってもらっているのはうれしかった。明治は春季大会、最上位のAグループで戦い、初優勝を飾っている。

春は天理で学べ、明治戦で成長が見えた。春シーズンは春季大会を5、招待試合を4試合戦って、4勝5敗の成績だった。

（＊1）大学ジュニア選手権
関東大学対抗戦とリーグ戦の所属チームのBチーム（二軍）による大会。強さ順に4つのカテゴリーに分け、１つのカテゴリーには５チームが入る。勝ち点制で争われ、カテゴリー１〜３の最下位チームは同２〜４の最上位チームと入替戦を行う。秋のＡチームの公式戦と並行して行われる。

（＊２）ポッド（Pod）

シェイプと並び現在の戦術の柱をなす。グラウンドを縦に分割してＦＷの選手の攻守における持ち場を決めるやり方。３分割するスリーポッドや４分割するフォーポッドなどがある。ボールを運ぶ場所を決め、むだ走りを減らす。ＮＺ代表のオールブラックスが有名。Podは元々、えんどう豆などのさやの意味。

（＊３）大学春季大会

関東大学対抗戦とリーグ戦の所属チームをその強さに従って３グループに分け、勝ち点制により優勝を争う。競技力向上に資する目的で２０１２年春から始まった。各グループは６チームで構成され、最上位のＡグループは対抗戦とリーグ戦の前年度成績により、その上位３チームずつがはめ込まれる。招待試合が多い早稲田は春季大会と兼ねることが多い。秋の本番を占う前哨戦の意味合いが大きい。

（＊４）堀越正巳

１９６８年（昭和43）11月27日生まれ。ラグビー指導者。埼玉県出身。熊谷工でラグビーを始め、早大に進学。SHとして1年生からレギュラー。1年時と3年時に大学選手権優勝（24回＝1987年度、26回＝89年度）。1年時には第25回日本選手権でも東芝府中（現・東芝）を22－16で破り、日本一を経験。神戸製鋼でも社会人大会と日本選手権の7連覇に貢献した。ワールドカップは第2、3回大会（1991、95年）に連続出場する。日本代表キャップは26。1999年に現役引退をし、立正大監督に就任。現在は女子7人制ラグビーチーム「ARUKAS QUEEN KUMAGAYA」のGMも兼務する。

（＊5）天理大ラグビー部

創部は早大に遅れること7年の1925年（大正14）。大学選手権出場はこれまで6大会連続28回。決勝には48回大会（2011年度）に初進出。3連覇目の帝京に12－15で敗れた。当時の主将はSO立川理道《はるみち》（現・クボタ、日本代表キャップ55）。関西Aリーグの優勝は同大の42回に次ぎ、2位の11回。現在は4連覇中。天理高から同大を経て日新製鋼（現在は廃部）でプレーした小松節夫監督が1995年に就任後、力をつけた。

（＊6）記虎敏和

1952年（昭和27）4月28日生まれ。ラグビー指導者。大阪府出身。啓光学園から天理大に進む。現役時代のポジションはCTB。保健体育の教員免許を取得し、大学卒業後、母校の啓光学園に赴任する。1980年度から2003年度まで同校ラグビー部監督。この24年で冬の全国大会優勝5回（71、

78、81、82、83回大会)、準優勝3回(69、72、76回大会)を記録する。２００４年度より龍谷大の監督になるが、啓光学園の総監督も兼務。２００１年度から04年度までの全国大会4連覇は戦後では最長。ＳＨだった三井コーチは2年リザーブ、3年は正選手として2連覇目までを経験している。組織的ディフェンスに力を入れ、ロースコアの試合を得意とした。龍谷大監督は２０１２年で退任。啓光学園は２００８年から常翔啓光学園に校名変更している。２０１６年から3年間、女子ラグビーチーム「三重パールズ」の監督をつとめる。現在はエグゼクティブアドバイザー。

第５章
覚醒

上井草にて　2018年11月
写真：松本かおり

自信になった菅平合宿

春からディフェンスを軸にチーム作りをやってきた。長野・菅平の夏合宿では3試合をして、1勝2敗で終えた。大差負けの試合はない。

夏合宿に入る前にコーチ陣とは、試合での勝ち負けより、ディフェンスに自信をつかんだと言える合宿にしようと話していた。その目標はほぼ達成できた。

8月15日には大東文化に17―21（前半10―7）、19日の帝京には28―14（前半7―14）、24日の東海には21―28（前半14―14）。試合の間隔は3日と4日。対戦相手はすべて春季大会のAブロックだった。早稲田より前年度は強かった相手であり、帝京は大学選手権の連覇を9に伸ばしていた。

大東文化戦には3人の1年生が先発した。PR小林、CTB長田、そしてFB河瀬。明治で活躍した河瀬《かわせ》泰治《やすはる》さん[*1]の長男である。堀越といい、河瀬といい、名選手の2世が大学ラグビー界でプレーする時代になった。

外国人留学生が軸になる大東文化との試合は、試合終了近くまで17―14でリードしていた。ディフェンスは前に出てプレッシャーをかける。誰が誰を見るか、といったコミュニケーションもとれていた。

帝京にもディフェンスは前に出られた。

「何度でも攻撃させて、何度でも止めよう」

そう話していた通りの展開になった。後半は風上に立ったこともあり、キックで楽にエリア（地域）を取れた。チームの成長途上の夏ではあるが、9連覇の帝京にダブルスコアで勝てたことは、スタッフや選手たちの自信になった。

手応えを感じた対抗戦前半

9月9日、早稲田にとっての関東対抗戦[*2]が開幕した。

初戦の相手は筑波だった。この試合を取材した『ラグビーマガジン』（2018年11月号）には「赤黒」ジャージーに戻したことが好意的に書かれてあった。

〈飾り気のない段柄ジャージーと白い襟は、それだけでオールドファンにかつてのチームを想起させる。勝負強くて、しぶといワセダ〉

試合は55―10（前半17―3）と快勝する。NO8の丸尾は試合後の取材で「こぼれ球はすべて早稲田が支配する」と言ったようだが、早稲田スタンダードが選手たちに浸透しているようで、微笑ましくなった。私にとっても対抗戦の監督初勝利になった。

2週間後の23日には成蹊に99―5（前半47―5）で圧勝した。しかし、私は学生たちをほめなかった。

「トライを1本獲られたことは不本意だ。相手に失礼。圧倒するなら、最後まで圧倒しないといけない。その部分において、こちらが要求する精度はまだない」

我々が目指しているのは頂点である。力の差がある相手にも全力で戦わなければならない。負けることはないからと、ちゃらんぽらんに戦ってしまえば、その甘さは必ず大一番で出る。そういうことを学生たちにわかってほしかった。

同じく2週間空いた10月7日の青山学院戦では、成蹊戦の課題をすぐに修正する。

123―0（前半59―0）と3ケタ得点、失点もゼロ。点を取れるだけ取ってくれた。

昨年の対抗戦4位は5勝2敗で「早慶明」が三すくみになった結果、総得失点差で一番下に来た。2位なら大学選手権のシード権も取れていた。「得失点差」の重要性は、シーズンが始まる前のミーティングでも話をしていた。成蹊戦とはうって変わった選手たちの姿勢は喜ばしかった。

この試合の後に発売された『ラグビーマガジン』（２０１８年12月号）では下川が特集されている。こんな話が載っていた。

〈屈辱にまみれた伝統のアカクロジャージー。しかし今季の士気は高い。自主性の重視が、チームに好影響を与えていると下川は言う。

「今年は、戦術やスキルを与えられてやるのではなく、コーチからヒントのような形で出されています。『コレをいつまでに練習で出来るようにしてきて』と言われて、それを自分たちで部屋に集まって考え、それからコーチに『自分たちはこういう答えを出しました』という。そこでまた助言をもらいます。自主性を大切にするチームになった気がします」

与えられた戦い方を遂行する実行部隊からの変化があった。その結果、戦術・戦略への理解が深まった。

「これまでは、こうだからこうなる、という理屈が自分もわかっていないところがありました。応用が利かない部分があったと思います」

考える集団となり応用力がついた〉

私たちの取り組みによって、望む主体性が少しずつチームに根づき始めていた。

続く10月21日の日本体育戦も68—10（前半21—10）と後半に突き放した。春季大会で負けた借りを返すことができた。

4戦全勝。ただし、そのままではいかなかった。

悪いところが全部出た帝京戦

11月4日、帝京と対戦する。大学選手権10連覇を狙うチームはやはり強かった。28—45（前半0—28）で敗れる。今季初となる東京・秩父宮ラグビー場で対抗戦初黒星。夏のようにはいかない。

前半は零封される。なにもさせてもらえなかった。夏合宿では勝っている。秋4連勝と調子もよかった。危ないなあ、と思っていたらいきなり4本もトライを獲られた。ショックだった。

ディフェンスから試合を作るチームが計6トライも献上すれば、勝てっこない。スクラムが押されたということもあったけれど、全般的に受けていた。10連覇を狙うチームと9年間優勝できていないチームによる「勝利への執念の差」だと思った。精神論に敗因を押しつけたくないが、試合が終わってコーチ陣と映像を確認してレビューをすると、夏とは全然違っていた。こちらからの仕掛けはない。タックルに入る姿勢は高いし、ポジショニングも遅い。夏は勝っている、という油断も学生の中にあったのだろう。点差のついた後半、開き直ったらＢＫがトライを獲ってきた。それでも流れを変えられなかった、まだ本当の力はついていない。学生は難しい。

この時は春の日本体育戦の時のように学生たちには怒らなかった。

「負けは仕方ない。この差を埋めていかないと。選手権でもう一回やらないといけないかもしれないからな」

この試合が最後ではないし、対抗戦は続く。この段階で怒りを表すことは無意味だと思った。それにチームの負けは、指導者の責任でもある。考え方を変えれば、悪いところが出たことによって開き直れる。今年はディフェンスにフォーカスしていたが、帝京相手にも攻めればトライが獲れる。ＢＫに才能がある選手たちがいることは心強かった。

早慶戦を乗り越えて100周年の式典に

4勝1敗で対抗戦の残り2試合、早慶戦[*3]と早明戦に挑んだ。2試合ともに秩父宮ラグビー場だった。

まず11月23日、慶應と対戦する。帝京にやられたディフェンスを20日間でもう一度立て直し、戦いに臨む気持ちを再確認した。結果、21―14（前半11―0）で勝てた。

早慶戦の2日後には「創部100周年記念式典」が予定されていた。選手たちにもプレッシャーがあったと思うが、このときばかりは、私自身に相当なプレッシャーがあった。早慶戦に負ければ、連敗での参加になり、おめでたい集まりに水を差す。その状況下にもかかわらず、7点差でしのいでくれた。

式典は11月25日、都内のホテルで行われた。日本ラグビー協会の岡村正会長（当時）や早稲田の田中愛治総長ら約1200人が参加した。私はキャプテンの佐藤と鏡割りにも加わった。改めてクラブの100年の重みを実感することになる。

式典の前に勝った慶應に関しては、ラグビーのスタイルがどうこう言うよりも、個人的に絶対に負けてはいけない相手だと思っている。早稲田と慶應は永遠のライバルだ。勉強にしても、スポーツにしても、何かにつけて比較される。学内でも早慶戦に勝つ、勝たないは大きい。勝つと年末にスポーツ系44クラブが参加する「早慶戦優勝部表彰式」で、総長から表彰される。式は記念撮影、懇親会と続く。ラグビーだけでなく、すべてのクラブで慶應へのライバル意識は高い。

早慶戦後、中８日空いて12月２日に早明戦があった。例年、早稲田にとって対抗戦の最終戦になる。この試合の乗り越え方で、続く大学選手権の入り方が決まる。その大事な試合を31―27（前半17―13）で勝てた。

帝京と両校優勝

早明戦は我々早稲田の人間にとって、基本的にはほかの試合とは違う別物の一戦である。対抗戦の最終戦であることや、その年の優勝決定戦になることが多いこともあるが、歴史的に名勝負を繰り返していることも重なって、この一年、やってきたことを出し尽くす最高の舞台なのである。昔からＮＨＫで試合の模様が全国に生中継されてもきた。

私が学生の頃には「横の早稲田、縦の明治」と言われた。早稲田は左右にゆさぶり、明治は重量FWを軸に縦への突破を図る。昔はコントラストが一番出ていた試合だった。いまは明治もいいBKを持っていて、速い展開を織り交ぜながらタテヨコで来るが、まず両校にはその色の違いがある。その上でお互いの持ち味をどれだけ出すか。早稲田は目標に日本一を掲げているにせよ、早明戦はひと味違う。

明治で主将をつとめた杉本晃一君（LO／NO8、2008年度卒、トヨタ自動車）の言葉を聞いたことがある。

「大学選手権に出られなくても、早明戦では勝ちたい」

その言葉は、我々、早明の人間の気持ちをよく表していると思う。

監督1年目の対抗戦は6勝1敗の成績で終えた。

帝京と相星で並び、両校優勝。満足感はあった。100周年だし、1つタイトルが獲れてよかった。でも、ちょっとびっくりする。対抗戦で優勝したのは8年ぶり[*4]と聞いて、

「そんなに勝てていなかったんだ」というのが正直な感想だった。

大学選手権には直接対決を制した帝京が1位扱いで出場する。準々決勝から登場するシ

ード枠は4つあるが、前年の優勝は帝京だったため、対抗戦にシード2枠が回って来た。そのおかげで早稲田もそこに入れた。残りは関東リーグ戦を制した東海、関西リーグ戦を勝った天理。シード校は試合間隔が20日間ほど空くことになり、その期間、休息がとれ、再調整ができる。優勝に向けた試合数も1つ少なくなる。有利には違いなかった。

対抗戦で勝った明治に選手権で敗れる

12月22日、早稲田にとっての大学選手権（55回）が始まる。秩父宮での8強戦の相手は慶應。前週、京都産業を43―25で降している。対抗戦で戦って以来、ほぼ1ヵ月ぶりの再戦だった。試合は79分40秒からの逆転劇。フェイズ[*5]を24重ね、20―19（前半12―7）でなんとか競り勝った。前回の7点差を今回は1点差にまで詰められた。

決勝のトライを挙げたのはWTB佐々木尚《しょう》（桐蔭学園④）。前回の早慶戦はリザーブで後半33分からの出場になったが、この日は先発させた。佐々木は高3の時に神奈川の決勝で慶應に11―29と敗れ、全国大会（94回）に出場できなかった。4年越しにその雪辱を果たす。前日のジャージー渡しの際には短く言った。

「高校の時と同じようになるなよ」

そういうことを期待して起用した訳ではない。佐々木は先発にふさわしい力があったのだが、この試合で2トライを挙げ、喜んでいる姿を見ているとこちらもうれしくなった。

早稲田にとって準決勝進出は5年ぶり。[*6] 1月2日、同じ秩父宮で対戦するのは明治になった。この早明戦も準々決勝の早慶戦同様、春の招待試合、対抗戦、選手権とこの年3回目になった。

その準決勝の前日、元日にもかかわらずBチームと4年生の部内マッチを上井草でやった。以前からやることを考えていたが、慶應に勝って、年越しを決めた段階で学生たちには話した。明治に勝つ保証もなかったし、負ければメンバー外の4年生の活動も終わる。やれるとしたらここしかなかった。

Aチームを含む、出場しない部員たちが自発的に花道を作って選手たちを送り出してくれた。4年生は4年間のすべてを出して戦う。試合前に士気を高めるモチベーションビデオがライブで目の前で展開されている。メンバーは明日のために気合が入った。

それでも、明治には勝てなかった。27―31（前半13―17）。対抗戦では勝ち、選手権では負けた。ともに４点差。スコアは真逆だった。私の監督1年目はここで終わる。

後半38分、ＷＴＢ佐々木のトライで４点差に迫る。ラストプレーとなる直後のキックオフもボールを確保でき、自陣からアタックを始めた。フェイズを16重ね、敵陣に攻め込んだが、明治を崩し切れない。ターンオーバーされてしまった。

敗戦を象徴するかのようなシーンが後半の中盤にあった。

前半39分、13―17と逆転されてからハーフタイムを挟んで、後半20分まで膠着状態が続く。後半10分ごろから、早稲田は攻めに攻める。フェイズは40。しかし、最後はノックオン。アドバンテージ（一方のチームがノックオンやスローフォワードなどの反則を犯しても、相手チームがそれによって利益を得た、とレフェリーが判断した場合は反則をとらず、試合が続行されること）がかかっていたそのボールを拾って、明治はカウンターアタックに打って出た。早稲田はゴール前で反則を犯し、そのスクラムからトライを奪われる。ゴールキックも決まって13―24と差は広がる。後半20分だった。

40のフェイズは時間にすれば約６分。その間、「ミスなくやれたのがすごい」という見方もできるが、トライには結びつかなかった。

「継続はできても、攻め手がなかった」

選手たちは試合後、そう話した。実はこの6分の間、HOの峨家《がけ》直也（報徳学園④）が治療中だった。早稲田は14人で攻め続けていた。明治より1人少ない状況でトライを成立させるのは難しい。試合は継続中のため、ウォーター・ボーイを通した指示をスタンドから出すこともできない。ここのところの状況判断がどうだったのか、という疑問は残る。相手ボールにはなるが、キックでボールを外に出し、試合を切る手立てはあった。その段階で峨家に復帰してもらう。あるいは交替選手を出す。その判断ができるレベルまで、チームを持っていけなかった。その40というフェイズを反則することなくしのぎ、かつ早稲田のミスに乗じてカウンターアタックを仕掛け、最終的にトライにつなげた明治とは地力の差があった。

現役にとって未体験だった年越し

チームの疲労も同時に認めなければならない。

5年ぶりの4強戦ということは、佐藤主将をはじめとする4年生以下には未体験ゾーンだった。誰も年を越す経験をしていない。

その上、最後の4試合は早明戦か早慶戦のどちらか。結果としてチームにとって特別な試合が4つ続いた。ピークを作って、またピークを作っての繰り返し。経験していてもしんどい。「強いワセダ」を知らない選手や部員にとってはなおのこと難しい。

佐藤が言ってきたことがあった。

「対抗戦の早慶戦、早明戦の前にやる決意表明をなくしたいんです。ずっとやっていますが、選手権にうまく入っていけません」

決意表明とは、早慶、早明両戦と選手権の試合前日に、出場メンバーが全部員の前で思いを口にすることだ。練習前にグラウンドの中央に作られた円陣の中で行われる。佐藤は3年間の経験として、ピークの連続に困惑していた。実際、昨年は早明戦後の初戦（選手権3回戦）で東海大に18―47で敗れた。私はそれを知っていたが、続けさせた。

佐藤たち学生の気持ちはわからなくもない。特に対抗戦の早明戦は一大イベントだが、本当の勝負はその先、選手権にある。今回は結果的にピークを作らなければならない試合が最後まで4つも続いた。

ただ、私たちの頃は早明戦、選手権の準決勝以降は国立競技場でやった。当時はラグビーブームでどの試合も満席だった。秩父宮でやるよりも倍以上の観衆が集まる。その中でピークの連続を作り上げるのは当たり前だった。確かに気が抜けるところもある。明治が時折、選手権の初戦で負けたりしていたのは、早明戦で意地と意地のぶつかり合いをした後、エアポケットに入ったのだろう。早稲田も早明戦後は歴史的に苦戦を強いられる。

ただ、ピークの連続を乗り越えていくのは早稲田の宿命だ。先人たちはみんなそうしてやってきた。メンタルをコントロールして、それに打ち克ち上位に行くことで、他のチームやファンが特別な見方や扱いをしてくれる。逆に言えば、そのピークの連続は早稲田でしか味わえない。そこにプライドを持って、選手たちには進んでほしかった。

だからこそ、佐藤が決意表明の廃止を相談してきた時には、それを肯定しなかった。基本的には学生の意見を聞いてきたが、ここは譲らなかった、いや譲れなかった。

ただ、私が自分の意見を通したのは「決意表明」だけであって、早慶戦の週以降にある伝統の「落ち葉拾い」は佐藤の意見を聞いた上で残した。これも伝統のひとつであり、1年生が落ち葉を拾い集め、グラウンドを掃き清める。東伏見の時から続くもので、私が新人の頃は徹夜してやっていたような記憶がある。これに関してはそこまでやる必要はなく、合理性にも欠くと私は考えたので、佐藤にどうするか聞いてみた。

「理不尽かもしれないが、早稲田を感じる時間なので残しましょう」

この代は「決意表明」の時とは逆に、一方では伝統の重みを感じてくれていた。私は終了時間を決めた上で、この落ち葉拾いの「慣習」は残すようにした。

復活への手応え

私の初年度、２０１８年度シーズンは明治に負けて終わったが、年越しを経験できたことは大きな財産になった。総括すれば、よくここまで来たと思う。注力してきたディフェンスは最後の試合でもそれなりに頑張った。後一歩まで来た部分はあった。山下監督の２年間、フィジカルを鍛え、ブレイクダウンを強化してきたことやリクルートの成果があってこその大学選手権４強入りだった。

敗戦後、早稲田の偉大な指導者のひとりである日比野《ひびの》弘《ひろし》さん＊7から葉書が届いた。そこにはこう書かれてあった。

〈早稲田、やっと戦える集団になってきました。復活への手応えを感じて、うれしく思いました。貴君のご指導に心から感謝し、敬意を表します。ありがとうございました〉

その文面を見て、次の100年のスタートを切るための役割を少しは果たせたかな、と思った。

選手権は明治が優勝した。早稲田と同じようにピーキングが難しい明治の復活[*8]に、「次は早稲田」の思いを強くする。

（＊1）河瀬泰治

1959年（昭和34）6月15日生まれ。ラグビー指導者。大阪府出身。大阪工大高（現・常翔学園）でラグビーを始め、明大に進学。NO8として1年生からレギュラーをつかむ。190センチ、100キロ近い巨体を生かした突進で「怪物」と恐れられた。東芝府中を退社した1986年、摂南大の監督に就任。翌年、第1回ワールドカップに出場。95年の3回大会はコーチとして参加した。日本代表キャップは10。現在は摂南大教授でラグビー部総監督である。

（＊2）関東の大学ラグビーについて

1899年（明治32）に慶應が創部。社会人や高校も含めた日本ラグビーの先駆けになる。その後、各大学にラグビー部が作られたが、当時は定期戦を中心に据え、「関東大学対抗戦」として、総当たり戦は実施されなかった。しかし、加盟校が増えたことや伝統校と新興校の意見の違いなどから、１９６８年（昭和43）、現在の対抗戦グループとリーグ戦グループに分かれた。対抗戦には早稲田をはじめ慶應、明治、立教、東京のいわゆる五大学が所属。リーグ戦には法政、日本、専修、中央などが所属した。対抗戦では定期戦を重視し、たとえば慶應と１９７０年（昭和45）創部で「新興」と呼ばれた帝京との試合は行われなかった。１９９７年からリーグ戦と同様の総当たり戦と８チームずつによるＡ、Ｂの二部制を採用している。

（＊３）早慶戦

早明戦とともに関東大学対抗戦で注目が集まる一戦。大学選手権の優勝回数は早稲田16、慶應３と開きはあるが、大学同士が日本を代表する私学のため、毎年、熱戦になる。試合日は11月23日の祝日（勤労感謝の日、１９４８年に制定）に設けられている。両校のマネージャーが気象台で過去の天気を調べ、統計上11月で一番晴天が多い23日を試合日にしたエピソードが残る。早明戦同様、最高で年３回（春の招待試合、対抗戦、大学選手権）行われる。慶應のジャージーは黄色と黒の段柄で、「タイガージャージー」と呼ばれており、「虎」の愛称もある。対抗戦の通算成績は早稲田の69勝20敗７分。大学選手権では早稲田の８勝１敗１分。神宮球場での野球や隅田川でのレガッタなどの他クラブの早慶戦も多くの観衆を集める。

（＊４）２０１０年の関東対抗戦Ａグループ
早稲田、慶應、明治が6勝1敗の三すくみで並ぶ。この年は３校優勝ではなく、1位を決めていた。３校の勝率は同じ。続く３校間の対戦によるトライ数は早明が５で並ぶため（慶應は４）、３校間の対戦による得失点差の結果、早稲田が優勝となる。この年の第47回大学選手権は対抗戦４位だった帝京が２連覇。早稲田は有田隆平主将（ＨＯ、日本代表キャップ９、コカ・コーラ↓神戸製鋼、東福岡出身）が率いるも決勝で帝京に12―17で敗れる。

（＊５）フェイズ
スクラムやラインアウトのセットプレーからの攻撃回数を言う。ボールを保持した選手が捕まり、ポイントができるごとに1増える。日本語では「〇次攻撃」と表現される。ＷＴＢ佐々木の24フェイズを重ねたトライではポイントが24回でき、その間にミスや敵にボールを奪われるターンオーバーが起こらなかったことを示している。

（＊６）第50回大学選手権
２０１３年度に開催。この時はファーストステージ（予選）を勝ち抜いた朝日を含む16校がセカンドステージで４つのプールに分かれて総当たり戦を行った。早稲田は対抗戦で帝京に31―40で敗れ２位。プールＤに入ったが、３連勝（46―12大阪体育、48―18京都産業、57―7中央）で抜ける。準決勝では筑波を29―11で降し、決勝で帝京に34―41で敗北した。９連覇する帝京の５連覇目。ＨＯ坂手淳史、ＳＨ流大、ＳＯ松田力也、ＣＴＢ中村亮士と２０１９年のワールドカップの日本代表で中核として活躍する選手たちが先発していた。早稲田の主将はＰＲ垣永真之介。

（＊７）日比野弘

１９３４年（昭和９）11月20日生まれ。ラグビー指導者。東京都出身。都立大泉でラグビーを始め、早大に進む。現役時代はＷＴＢ。日本代表キャップ３を持つ。１９５７年度卒。百貨店勤務、家業経営を経て、早大教授となる。早大監督としては歴代最多となる４期（１９７０、73～75、84～85、98～99年度）つとめる。通算年数は最長の大西鐵之祐を1年下回る８年。この間、日本一を１回（１９７０年度）、大学選手権優勝３回（１９７０、73、74年度）。大西と並び、早稲田のラグビーを中心となって支えた。日本代表監督も３期６年（１９７６、82～84、87～88年度）つとめる。１９８３年秋にはウエールズに遠征。10月22日のテストマッチでは敵地・カーディフで24―29とあわや金星を演出した。ＮＨＫテレビの解説などもこなした。

（＊８）明治の復活

早稲田に勝った明治は決勝戦で天理を22―17で下し、22年ぶり13回目の大学選手権優勝を果たす。この段階で早稲田の最多に２差と迫った。サントリーから出向している田中監督は就任1年目。それ以前のヘッドコーチ時代と合わせ2年でチームを立て直した。帝京は準決勝で天理に7―29で敗退。史上最多の選手権連覇は9で止まる。

第6章
学院の教え

高校3年生 花園での筆者　1987年12月28日

学院でラグビーと出合う

私は早稲田の監督になった年に49歳になった。生まれたのは1969年（昭和44）8月14日。監督2年目には人生半世紀になる。

楕円球に触れたのは高1の春。早稲田大学高等学院[*1]に入学してからである。周りから「学院」と呼ばれるその高校の存在を知ったのは中学の頃。ここに入れれば、早稲田にエスカレーターで上がれる、と聞いた。通っていたのは東京の多摩市のニュータウンにある市立の豊ヶ丘中（現在は統合で青陵中）である。私は中学受験をして、慶應に落ちていた。高校受験ではもう一度アタックしようと考えていたが、学院にもひかれる。慶應は高校で外部から入ってくる者もいるが、中学や小学校など下から上がってくる者が多い。派閥みたいなものがあるのではという感じがした。学院はみな高校からである。スタートラインが同じでいいなあ、と思った。それに私はごく一般的なサラリーマン家庭の子供だったので、カラー的にもお坊ちゃんというイメージの慶應より、早稲田のほうが合っている気はした。

中学時代は塾にも通ったが、生活は部活動中心だった。母・靖子は当時の女親がそうであったように教育熱心だった。逆に父・隆彦からは「勉強しろ」と言われたことはない。男の子ひとりだったこともあって、好きにさせてくれた。勉強法は基本的に、夜漬け。試験は明後日だ、とか尻に火がつかないとやらなかった。基本的にこつこつタイプではない。ただ、中学受験に失敗している分、子供なりの反骨心はあって、「高校は志望校に絶対受かってやる」という思いはあった。

そして、慶應に合格する。その入学金などを払い込む期限の日に、学院の補欠合格の知らせが届く。母はすでにお金を振り込んでいた。

「払ったから、慶應でいいじゃない」

母の言うことはもっともだったが、私はチャンスが転がり込んできた、と思った。

「学院に行かせてほしい」

母は父の兄である晴彦に相談する。伯父は桐蔭学園で国語を教えていた。教育者らしく私の意志を尊重してくれた。

「本人が行きたいほうに行かせなさい」

父も私の支持に回ってくれた。学院への入学がかない、39期生の一員になった。

高校の部活動にラグビーを選んだのはいろいろと理由がある。

中学時代はバレーボール部。元々はサッカーをやりたかったが、仲のよかった友達に誘われて始めた。市の大会に勝って、都大会などに出る。それなりに強かったが、3年間、そのほとんどを屋内で過ごす。次は屋外でやるスポーツに興味があった。

伯父・晴彦の影響もある。伯父は桐蔭学園のラグビー部の立ち上げにも加わったようで、幼少のころは祖母と同居していた伯父の家には毎週末のように遊びに行っていたが、伯父の家では早慶戦や早明戦をはじめ、ラグビー中継をよく目にしていた。伯父は私の名前「南海夫」の名づけ親でもある。この名前は、母方の祖父からとられた。祖父はまだ母が乳飲み子の頃に太平洋戦争に出征し、南の島で散華する。母には父親の記憶はほとんどないようである。その祖父の生まれ変わりという思いを込めたそうである。子供の頃は、「親がプロ野球・南海ホークス（現・福岡ソフトバンクホークス）のファンだったのか」などと訊かれたりもしたが、そうではない。

それに『スクール☆ウォーズ』[*2]の世代であり、ラグビーにはなじみがあった。それらすべてを含め、部活動をラグビーに定める。

監督の見立てでロックから転向

学院の指導陣はみなこの学校から早稲田に進んだOBである。教員や職員が監督やコーチではなく、OBが週末のみグラウンド指導を行うやり方は、いまも続いている。

監督は高1の時は安増茂樹さん（1981年度卒、WTB）、残り2年は竹内素行さん（1972年度卒、FL）だった。竹内監督は当時、東京海上（現・東京海上日動）に勤務するサラリーマンで、その時のコーチは安増さんと同期の寺林努さん（LO）だった。

ラグビーブームもあって同期は約25人。最初は楽しかった印象はない。初めてやるスポーツでもあったし、想像していた以上にきついし痛い。ヘッドと呼ばれる蹴られたボールを拾って、3～4人でつないでゴールを切る練習は毎日40分くらいあった。こけても硬い土のグラウンドだったから、擦り傷は当たり前だった。

当時はいまのように自由に水入れもさせてもらえない。水を飲む時間は練習前後が中心のため、のどは渇き、疲労感は増幅する。その上、グラウンド整備やボール磨きなど下級生は雑用もついてくる。この時代は革製ボールの末期。練習後、ボールにつばを吐いて磨いた。夏合宿は菅平で1週間ほど。普段、一日中ラグビーをやったことなんてないから、体は動かない。新入生の頃は毎日、疲労困憊《こんぱい》だった。

そこに勉強がのしかかってくる。いままでは公立では成績は上のほうだったが、補欠合格ということは同学年では最低レベル。相当頑張らないとついていけないと思い込んでいた。幸い高1の時に多摩市から小平市に引っ越しをする。両親が私に気を遣ってくれたのかもしれない。多摩に住んでいる時は京王線で新宿に出て、西武線に乗り換えて上石神井で下車する。通学時間は通勤ラッシュの中を1時間30分以上かかった。小平に引っ越してからは西武線に乗って10分ほどで上石神井に着いた。往復で浮いた2時間以上を勉強に回す。その甲斐もあって、学業はボトムにはいなかった。

ラグビーでのポジションは2年途中までLOだった。中学でバレーボールを始めた時に身長はすでに170センチ近くあった。最終的には180センチほどになり、最初は上背が必要なLOに回される。当時はラインアウトの時にリフターによって持ち上げてもらうのは反則で、自分の跳躍力だけで勝負していた。

2年の夏合宿の練習試合で、いきなりバックロー（FL、NO8）で起用された。そのまま秋にはレギュラーになった。公式戦に出られるようになれば、ラグビーが面白くなってくる。

バックローをやるようになったのは竹内監督の意向だった。監督自身も現役時代はＦＬである。同期のメンバーから聞いた話では、合宿先のグラウンドにある司令塔から練習試合を見ていた竹内監督が、「あいつはバネがあって、走れる。ＬＯをやるより向いている」と言い、その直後にポジションが替わったそうだ。

中学時代、バレーボールでついた基礎体力を評価され、転向することになった。その3年間は、腕立て、腹筋、背筋、スクワットを200回ずつなど、自分の体重を使う自重系トレーニングをほぼ毎日行っていた。結果的に、私はＦＬで現役引退までを過ごす。竹内監督の見立ては正しかった。アドバイスも的確だった。

「ＦＬは場数を踏まなきゃダメだ」

ディフェンスの時の前への出方やＣＴＢがカットインしてきた時の対応、味方のボールキャリアーへのサポートにつく位置など、確かに頭だけではなく、体で覚えるしかない。経験を重ねていけば対処はできる。どのポジションでもそうかもしれないが、ボールの継続や獲得において攻守の要になるＦＬとして成長するには、竹内監督の言葉が指針になったことは間違いない。

大西鐵之祐先生

新チームになって最上級生になった時、竹内監督から言われる。

「おまえがキャプテンをやれ」

すぐに断った。

「僕はそんな器ではありません。裏で支えます」

代わりに守屋泰宏を推した。SOだった守屋は武蔵野四中でラグビーを経験している。知識も豊富だし、チームの軸だった。彼のほうが適任だった。私は副将になり、うるさい嫌われ役に回った。チームがたるんでいたらガツンと言ったりした。私は下級生だったころ、竹内監督に意見具申をしたこともある。下級生は上級生が残っている限りグラウンドから離れられない。居残り練習をしているならいいのだが、見ているとただなんとなく残っていた。

「だらだらと残っているだけなら先輩方を帰らせてもらえませんか。僕たちが帰れません」

こういうしきたりは意味がない。理不尽だと思い、行動に移した。

竹内監督には高校卒業後も会うたびに言われる。

「キャプテンをやったらよかったのに」

3年では花園[*3]に出られた。第67回全国大会（1987年度）である。学院としての出場は10年ぶり2回目だった。

私たちの代には守屋とPR池田晃久という中心選手が2人いた。1学年下にもHO山崎文博、CTB土方篤と経験者がいた。この代、鍛えればいけるんじゃないか、という風に周りからは思われていた。

それを実現させてくれたのは、竹内監督でありラグビー部の部長の伴一憲《かずのり》先生[*4]であったことは言うまでもないが、大西鐵《てつ》之祐《のすけ》先生[*5]の存在なくしては成し遂げられなかったといっても過言ではない。先生は3年生が引退して、私たちが最上級生になった年明けの新チームの始動時に問うた。

「君たちは花園に行きたいのか？」

私たちは即答した。

「はい、行きたいです」

大西先生は1968年の日本代表の監督として、ジュニアオールブラックスを破ったり、早稲田の監督を3期務め、その時々でチームを立て直したり、優勝させたりしていた。早稲田における最高の指導者だった。

1981年度の早稲田の監督を最後に、大西先生は指導の一線から退いていた。心臓に持病があり、ニトログリセリンを手放せない状態だった。しかし、私が高校生の頃は、体調もよくなり、アドバイザー的な役割で学院のグラウンドに顔を出してくださっていた。私が1年生の頃は、アヤ夫人と合宿に来たりするくらいだったが、次第にその回数は増えていき、3年生の時には週末だけではなく、平日も時折やって来るようになる。普段はコーチやOBが車で送り迎えをしていたようだが、時には西麻布の自宅から上石神井の学院までタクシーに乗って現れたりした。私たちは期待感をひしひしと感じる。同時に高校生ながらこの人について行けば、花園に出られるような気がしていた。

大西先生の教えは合理的だった。タックルは常々「下にいけ」と言っていたが、たまたま、相手がボールを見せて当たってきたことがあった。私は上半身をぶつけてそのボールを奪い取る。それを見ていた大西先生がほめてくれた。

「それが一番いいんや」

タックルというのはボールを奪うためにする。それができるのなら、下半身に入らなくてもよい、ということだ。大西先生は奈良の出身。言葉は関西弁だった。

「スクラムからＢＫに展開して、ポイントができたら、ＢＫだけでボールを出す。ＦＷはラインを作っておいて次の攻撃に備える。ＦＷにもＢＫの足の速い奴をコンバートしてもいい。そうすれば攻撃がスムーズにいく」

これも大西先生がよく言っていた考え方だった。当時大西先生が言っていたことが、現代ラグビーにおいては普通にやられている。先見の明もすごかった。

10年前に初めて花園に出た代[*6]のビデオは、伴先生に入学当時からよく見せられた。当時の代も大西先生が熱心に指導していたようだ。都大会決勝の相手は國學院久我山。当時はまだ、「スクラムは１・５メートル以上押せない」という国内高校特別ルールはなかった。学院はスクラムをめくり上げられ、20メートルほど押された。電車道の状態だったが、それでもタックルを繰り返し、９―６で勝つ。

「やればできるんや」

成し遂げられると信じて「本気で」目標に向かい努力を重ねることの大切さ、勝負どころに挑む気構えを刷り込まれた。

伴先生は、大西先生のエピソードをよく話してくれた。

試合前に「神よ、ご照覧あれ」と叫んだこと、試合直前のロッカールームで水盃《みずさかずき》を交わし叩き割って出て行ったこと、「信は力なり」という言葉も教わった。

大西先生にとっての神や水盃はパフォーマンスではなく、やり切った後に自然と出てくる行為だったということだ。いい準備ができた。そして、その先の勝利をつかみに行くという姿勢である。

勝つための口癖が大西先生や伴先生にはあった。

「小さければ2人で止めに行け。相手の倍走れ」

いまで言うところのダブルタックルやワークレートをその頃から植えつけられる。2人はまた、私たちを集めた時によく言っていた。

「君たちは学院ラグビーを通じて、人間的に成長し、ナショナルリーダーにならなければいけない」

伴先生は大西先生が書いた『闘争の論理』を監修する。ある意味、「大西理論」を一番理解している人間だった。大西先生の戦争体験を通じての「極限状態の中でいかに正しい判断ができるか。ラグビー（スポーツ）こそ、そういう瞬時の判断力を身につけるもの」という持論を何度となく聞かされた。当時は漠然としか意味がわからなかったが、今ではよくわかる。そして、フェアプレーの精神、勝つために何をすべきかを考え行動することの大切さ、やり切ることの意味など、社会に出てから役立ててほしいという思いが伝わってきた。

逆転ＰＧで本郷を破り花園出場

集大成となる最後の全国大会東京都第一地区予選、決勝まで勝ち進んだ。決勝の相手は本郷。場所は江戸川陸上競技場だった。この代の本郷は練習試合を含めて無敗。都内で最強のチームだった。

敗色濃厚の後半27分、ＰＫをもらう。反則はノックオン・オフサイド。前に落としたボールを前にいた選手が拾ってプレーした。高校の試合は30分ハーフで大学や社会人より10

分短い。残り時間は３分。ＰＧを狙う。ゴールキッカーは私だった。私は小学生のころに一時期、サッカーをしており、ボールを蹴ることは嫌いじゃなかった。守屋でもよかったが、彼は主将。負担をかけ過ぎるのはよくない、という監督の配慮もあり、私が蹴るようになる。

ボールをセットしたのは22メートルライン付近の正面やや右寄り。決めやすい位置だった。この時、大西先生に教えてもらった「神よ、ご照覧あれ」の言葉が頭をよぎる。この試合のため、全国大会に出るため、やるべきことはやってきた。勝つことしか考えていない。キックしたボールはＨの形をしたポールの中央に吸い込まれた。３点を加え、16―15。逆転に成功した。ノーサイドの笛が鳴った瞬間、みんな崩れ落ち、号泣した。

花園１回戦負けで学んだこと

第67回全国高校ラグビー大会[*7]は12月28日に開会式を迎え、その直後に福岡県代表の東福岡と戦った。結果は６―13（前半３―９）で学院は１回戦敗退となった。

この敗戦から「空気感が大切」ということを学んだ。

チームの中には2つの空気があった。私自身は全国大会に出て、「さあ、これから」という思いだったが、本郷に勝って花園出場を決めて満足をしている人間も少なからずいた。どちらかといえば大西先生もそんな雰囲気だった。10年ぶりの出場は初めてみたいなもの。宿舎入りから試合本番までの過ごし方もわからない。試合は開会式直後の第一試合だったので、メンバーは式に出てからウォーミングアップをするのか、アップを優先して式はメンバー外を「替え玉」として出すのか、という部分も意見が分かれる。竹内監督も余裕がない感じだった。実際そうだったと後々語ってくれたが、この経験が3年後の花園出場時には生きたそうだ。この頃は花園に出ることが目標だった。仕方がないことだったかもしれない。

この密度が濃かった高校時代を振り返った感想が『ラグビーマガジン』（2018年9月号）に載っている。

〈目標に到達することを信じ切って、為せば成るの精神でやったら本当に手が届いた。（中略）まず、大西先生と竹内監督が、2人とも絶対に花園に行けると信じ切っていた。だから僕らも同じ気持ちになれた。部には常に決めたことをやり切る熱さや、やれると信じる空気があった1年だった。最初から無理だと思っていたら無理だし、指導者が本気で思

い続けないと選手たちもそうはならない〉
大西先生は「接近・連続・展開」など理論の素晴らしさもあったが、勝負どころがどこかということを教えてくれた気がする。私たちの本郷との決勝であり、その10年前は國學院久我山戦だった。ラグビーだけではなく、「何か目標と向き合って努力した、そのプロセスが絶対に後の人生に生きる」という哲学的な教訓もあった。その上で、「やるのは君たち」と動機付けをした。『ラグビーマガジン』の私の話は続く。
〈自分たちもかつての恩師と同じように進むべき道を信じ切るから、学生たちも、迷うことなく階段を昇り続けてほしい。
「そういった空気を4年生がチーム内に発信していくようになったら、不可能も可能になる。100周年だから勝たないといけないとかではなく、俺たちがやるんだ、勝ちたい、と純粋に思ってくれたらいい。私はマジックも使えないし、言葉の魔術師でもないけれど」〉
私は先生の100分の1も伝えられていないけれど、こういうことを学生たちに感じてもらえたら、と思っている。

（＊1）早稲田大学高等学院

東京都練馬区上石神井にある男子校。前身は１８９９年（明治32）開設の東京専門学校予科。大学の予科（現在の大学）となった１９２０年（大正９）を学校創立とする。附属校のためほとんどの生徒が早大に入学する。２０１０年度には中学部を併設。相良監督が入学した１９８５年は高校のみであった。生徒は「学院生」と呼ばれる。

（＊2）『スクール☆ウォーズ』

ＴＢＳ系列で１９８４年（昭和59）から放映されたテレビドラマ。当時、弱小だった京都・伏見工（現・京都工学院）のラグビー部が、山口良治監督就任からわずか６年で全国高校大会に優勝するまでの実話をベースにして作られた。主演は山下真司。20％を超える視聴率を誇り、ラグビーブームを生んだ。原作は『落ちこぼれ軍団の奇跡』（馬場信浩著）。

（＊3）全国高校ラグビー大会

近鉄花園ラグビー場（現・東大阪市営）で行われるため、一般的に「花園」と呼ばれるようになった。大会期間は年末年始。２０２０年度の大会で１００回目となる節目を迎える。第１回大会の開催は１９１８年（大正７）。早大の創部時期と同時。これまでの最多優勝は15回の秋田工。９回の同志社

（旧制中学時代のみ）。7回の常翔啓光学園（啓光学園時代を含む）。6回の天理、東福岡。5回の常翔学園（大阪工大高時代を含む）、國學院久我山、目黒学院（目黒時代を含む）、東海大大阪仰星（東海大仰星時代を含む）。4回の保善、京都工学院（伏見工時代を含む）と続く。

（＊4）伴一憲

1932年（昭和7）11月17日生まれ。福岡県出身。早大第一文学部卒業。早大大学院博士課程修了（西洋哲学）。1969年から早大学院勤務。必修の第2外国語のひとつであるドイツ語を担当。教員を経て、1998年から2002年まで校長にあたる学院長をつとめる。1972年からラグビー部部長。ラグビーを通じスポーツ倫理を伝えるなど大西鐵之祐の代表作になった『闘争の倫理』を監修する。

（＊5）大西鐵之祐

1916年（大正5）4月7日～95年（平成7）9月19日。ラグビー指導者。早大名誉教授。奈良県出身。旧制の郡山中から早大第二高等学院（現・早大学院）入学後、ラグビーを始める。1968年には日本代表のNZ遠征に監督として参加。6月3日、ジュニアオールブラックス（同国代表の下に位置）を23—19で破る快挙を達成した。早大の監督としては3期9年つとめる。期数は日比野弘に1期及ばないが、9年は日比野を1年上回り最長。1期目は1950～54年。就任1年目、全勝対決の明治に

28―6で勝ち、関東大学対抗戦優勝。この夜、優勝した時にしか歌えない第二部歌の『荒ぶる』の伝統が誕生した。この間は3回の全国優勝を果たす。2期目は1962～64年。二部に落ちていたチームを1年で一部であるAブロックに復帰させる。64年度に始まった第1回大学選手権では6―14で法大に負け準優勝だったが、二部落ちのチームをわずか3年で頂点近くに押し上げる。この時代、ぎりぎりまで相手に近づき、パスをつなぎ、それを続けてトライに持っていく、「接近・展開・連続」の理論を作り上げる。3期目は1981年。12月6日、絶対不利との前評判を覆し、全勝対決の早明戦に21―15で勝利して、5年ぶり対抗戦優勝。旧国立競技場は6万を超える大観衆が埋め尽くした。相良監督が高校生の頃は一線から引退してはいたが、アドバイザー的な立場で母校の指導に携わっていた。著書にラグビーを通じスポーツ倫理を伝える『闘争の倫理』などがある。

（＊6）第57回全国高校大会

1978年に行われた。この時の1回戦は元日。1月の共通一次試験（センター試験の前身）を受ける選手たちへの日程的配慮もあって、次の58回大会から年末スタートとなる。初出場の早大学院は元日の初戦で報徳学園に4―4で抽選負け。この時の出場メンバーはNO8寺林、WTB安増。SHだった佐々木卓《たかし》は大学でもレギュラーになり、現在はTBSホールディングスの社長をつとめる。この大会では大阪工大高（現・常翔学園）が初優勝。20―12で秋田工を下した。主将はLO河瀬泰治で、長男は早大FBの諒介である。

（＊7）第67回全国高校大会

１９８７年度に開催。早大学院は初戦で東福岡に6―13で敗北する。ＮＯ８で出場した相良監督のトイメンは後年、コカ・コーラ監督をつとめる臼井章広（大東大↓東芝府中）。大会は秋田工が歴代最多を更新する15回目の優勝をする。決勝で相模台工（現・神奈川総合産業）に９―４。この大会には大阪の北野も45年ぶり出場。３回戦で12―16と伏見工に敗れるも、花園ラグビー場には2万人を超える観衆が集まり、グラウンドの周囲にまで人を入れる大フィーバーになった。当時の北野のＷＴＢは橋下《はしもと》徹。早大に進学するもラグビーは続けず、のちに弁護士になり、大阪府知事や大阪市長をつとめる。

第７章
『荒ぶる』に向かう４年間

対法政戦の筆者　1990年12月16日
筆者の左の法政メンバーは三浦駿平の父・弘樹氏

最初はラグビー部に入る気はなかったが

1988年4月、早稲田大学に入学した。学部は政治経済、学科は経済だった。高校3年間の成績はそれなりによかった。クラスで10番くらい。全体でも100番くらいだったと思う。学院には補欠合格。危機感を持って、勉強はしていた。小平に引っ越し、学校が近くなった利点を生かし、毎朝2時間は机に向かう。夜は疲れてできないので、朝は貴重だった。その結果、ふたを開けたらビリではなかった。

学部学科は父・隆彦と同じところに進んだ。父は東京学芸大附属から早稲田に入った。学生時代には成績優秀者に支払われる大隈記念奨学金を受給する。その父と同じ学科に行けて、ひとり息子としては最低限の責任を果たしたかな、と思った。父は卒業後定年まで、武田薬品工業の営業系の部署で働いた。79歳のいまも元気である。

父は男ばかりの4人兄弟の3番目。兄弟はみなそれなりに勉強したようだ。私のラグビー選択に影響を与えた長兄は東京教育大学（現・筑波）。次兄は慶應、弟は一橋。私の父方の祖父は慶應出身で、国税庁に勤めていた。税務署長などをやったようである。祖父は父が高校の頃に亡くなっている。

私は埼玉県春日部市で生まれ、2歳の時に東京の府中市に引っ越す。小4まで本宿小で学んだ。学校は東芝の府中事業所（工場）の西側にあり、社宅から通っている生徒も多かった。東芝府中[*1]は当時から強豪であり、いま考えればラグビーと縁があった気がしている。小5で多摩市に移り、北豊ヶ丘小（現・豊ヶ丘）に通った。

スポーツは幼稚園から水泳を、小1から野球も並行して、引っ越しする小4までやった。小5からサッカーに変わり、2年間続ける。体を動かすことは小さい頃から好きだった。豊ヶ丘中ではバレーボールをメインにやったが、陸上部にかり出されて、市の大会で砲丸投げや200メートル走などに出たこともある。学院ではラグビー。それなりのスポーツ経験は持っていたし、いろいろなものに興味もあった。

大学では最初、ラグビーを続ける気はなかった。

学院で花園に行けたことが大きい。自分の中では達成感があった。大学に行ったら、旅行をたくさんして、見聞を広めるつもりだった。中2の夏にした九州へのひとり旅が印象に強い。母が長崎県の諫早《いさはや》出身で里帰りの経験もあって、10日間ほど九州を周遊した。その時、いろいろな場所でツーリングをしていたお兄ちゃんらに出会って、飲み物をもらったり、ごはんを食べさせてもらったり、優しくしてもらう。そんなこともあって、旅をしている人にあこがれを持った。鉄道移動も、「鉄ちゃん」ほどではなかったが好きだった。その計画にのっとって、花園が終わってから大学の入学式までの間に車と中型二輪の免許を取る。

竹内監督からは入部をすすめられた。

「やったほうがいい」

私は答えた。

「僕はやりませんよ」

高3の春、東伏見で学院の練習があった。その時の大学1年は堀越さんたちだった。その練習を端から見ていて、とてもしんどそうだった。あんなことはやりたくない。そう思って初志貫徹して旅人になろうとした。しかし、いろいろな人が竹内監督と同じことを言ってくる。

そのうちに気持ちに変化が訪れる。入部して、納得して辞めたら後悔はしないだろう、という気になった。後で入っておけばよかった、と思うのは嫌だし、何ヵ月か経ってから、やはりやりたくなって「入れてください」は無理である。

新人練習に嫌気が差す

早稲田のラグビー部は4月に1年生の別メニューとして「新人練習」をする。部員を絞り込むため、グラウンドの周囲をひたすら走らせる。そのままでは人数過多で効果的な練習ができないからだ。早稲田はポリシーとして入部制限をかけず、希望すれば仮入部をさせる。ラグビー部では昔から「来る者は拒まず、去る者は追わず」と言っていた。そのため、志望者はどんどんやって来た。そこで、走り込ませることによって、就職に有利といった軽い動機で来た者などをふるいにかけた。早稲田でラグビーをする覚悟を試すためもあった。最初は60人くらいいた同級生は40人を切るくらいになる。

その走るだけの日々に私は暗い気持ちになる。同期の中で、お荷物になりそうな人に対して、「おまえ、辞めろ」というようなことを言う奴が出始める。中には心根の優しい浪人経験者もいた。彼らは当然走れない。しかし、早稲田でラグビーをする、という覚悟はあった。ところがそういう人にも容赦はなかった。

新人練習以外にも「しぼり」という1年生の居残り練習があった。これは備品の管理やグラウンド整備に不備があったり、個人的に遅刻などをした時の罰則だ。先輩が蹴ったボールを全速力で取りに行って帰って来るキックダッシュや全体の場合は、「一抜け」と呼ばれるグラウンドの周回走を重ね、速い者順に抜けていくようなことをさせられる。足が遅い人は「人工衛星」と呼ばれ、グラウンドの周囲をずっと走り続けていた。

「意味ないよな。こういうところなのか。大学のクラブは。もっとリベラルなところがあるんじゃないのか。もういいや」

そういう言葉が口を突く。実際、嫌になって練習を無断で1日休んだ。週末だったと思う。学院のグラウンドに行って、辞めることを竹内監督に報告した。

「ダメだ。すぐに戻れ」

そうして諭された。

「そういうことを否定する気持ちもわかる。でもその練習によって体力がつくのは確かなことだ。それに、そういう練習を経験していれば、精神的にも最後の頑張りが利く。もちろん、相良の言う理不尽さはある。そう思うなら、4年生になって、そんな制度を変えりゃあいいじゃねえか。戻れ。頭を下げるんだ」

竹内監督にきつく言われ、私自身は納得した。その日だけ無断欠席をして部に戻る。もちろん、その後、個人しぼりがあった。ただ、しぼりをする清宮さんはそういうことに興味がないようで、面倒くさそうにやっていた。しぼりの担当は2学年上の3年生だった。その時はあまり走らされた印象は残っていない。セービングなんかをやって1週間くらいで終わった感じだった。

いま思い返せば、早稲田の監督をしている私があるのは竹内監督のおかげだ。あの引き留めがなかったら、その後、どうしていたかわからない。

清宮主将の下で全国制覇

新人練習が終わった後も全体的なしぼりはあったが、もう辞める気にはならなかった。部に戻る時に自分の意志で戻ると決めたからだ。

1年生の時は夏合宿で指を骨折したことなどもあって、公式戦には出ていない。この年、監督に就任したのは佐藤秀幸さん（1971年度卒、WTB、大分舞鶴出身）。この代のキャプテンは清田真央さん（１９８８年度卒、ＦＬ、神戸出身）だった。チームは第25回大学選手権の１回戦で同志社に17―23で敗れる。

２年の時は学生日本一になると思っていた。チームもそこしか見ていない。キャプテンは清宮さん。豪放磊落な性格で、早稲田ラグビーの代名詞ともいえる悲壮感のかけらもない。この時は他のメンバーもよかった。清宮さんの同期は森島弘光さん（ＨＯ、日川出身）、前田夏洋さん（ＳＯ、修猷館出身）。ちなみに森島さんの長男はＨＯの大智である。１年下にはＳＨの堀越さんをはじめ、郷田正さん（ＷＴＢ、日本代表キャップ８、九州電力、筑紫丘出身）、今泉清さん（ＦＢ、日本代表キャップ８、サントリー、大分舞鶴出身）、藤掛三男さん（ＣＴＢ、日本代表キャップ３、ワールド、佐野出身）らトライをとれる人間がいた。

私は右ＦＬのポジションを４年生の内匠優さん（都立国立出身）、同期で高校日本代表だった佐藤孝明（現・片岡、天理出身）らと争う。

２年生だった私をレギュラーに抜擢したのは清宮さんだったと人づてに聞いた。理由はよくわからない。

何かの雑誌に載った私のプレー紹介は〈トライの嗅覚に優れたオフェンシブなＦＬ〉とアタック面の評価だったが、個人的にはすべてのブレイクダウンに誰よりも一番先に行く、というテーマを掲げてやっていた。いまで言うとワークレートだが、その部分が買われたのだろう。全体練習はいまみたいに2時間ほどで終わっていたが、その後のポジ練は毎日ずっと続けていた。

この秋は筑波戦から出場。慶應、明治戦と連なっていく。この筑波戦から私は卒業までの3年間、公式戦は全試合に出続ける。

この年は2年前の第1回ワールドカップで優勝したＮＺから臨時コーチ2人がやって来た。ジョン・グラハム[*2]と、のちにオールブラックスの監督になるグラハム・ヘンリー[*3]だった。この招聘は、清宮さんがＯＢ会に直訴して実現したと記憶している。当時から行動力があった。

ジョン・グラハムはＦＷを担当し、グラハム・ヘンリーはＢＫを含めたチーム全体を統括した。彼らが来たことによって特にＦＷの意識変化があった。それまでの早稲田は「ＦＷが負けても、試合に勝てばいい」という考え方だったが、清宮さんは「ＦＷが負けるのは当たり前じゃない」と言い、ジョンたちも「ラグビーはＦＷが強くないとダメだ」と教えてくれた。

スクラム練習では森島さんを中心としたメンバーへのアドバイスが印象に残る。

「HOはスクラムでいうと鉛筆のとがった芯の先だ。そこに8人で力を集める。前に木の幹があって、それをへし折るくらいの勢いでやれ」

FWが安定しだし、BKも比較的大きな選手がいたことから、短いパスで縦に入れ、さらに展開も可能なショートラインを採用した。グリッド[*4]を使う練習なども取り入れた。ほかのチームが5年後くらいにやり出す練習方法の先駆けだった。

ジョンからは帰国直前に手紙をもらった。

〈君はマイケル・ジョーンズ[*5]のようなFLになれる資質がある。努力次第で日本代表になれるし、ならないといけない〉

オールブラックスの元選手からそんな風に書いてもらえて、とてもうれしかったことを覚えている。

臨時コーチのおかげもあって、FWには正面切って勝負できる強さがつく。そして得点力の高いBKが生きた。この年は前と後ろのバランスがとれ、全体として、走れて、強かった。16回目の優勝をする齋藤の代と同じような感じだ。

大学選手権は私の予想通り、早稲田は10回目の頂点に立つ。８校制だった26回大会は１回戦で京都産業を40―４、準決勝で大阪体育を19―12、決勝では日本体育を45―14で破った。

当時、はやり出したウエイトトレーニングに特化して「ヘラクレス軍団」と言われた大阪体育には国立で苦しんだ。スクラムもモールも押された。自陣ゴール前でくぎ付けになった時、清宮さんがぼそっと言った。

「トライをくれてやれ。次に獲ったらええんやろ」

あの強気の発言は切所《せっしょ》において、チームを落ち着かせた。清宮さんの親分肌に救われる。最終的には自陣ゴール前から展開して勝負を決めるトライを挙げた。「最後に勝つのは早稲田」と思っていたが、その通りになる。

私は２年の夏からレギュラー候補として、ラグビー部寮に入った。

規則がある寮生活だったが、抜け道を探して息抜きをしていた。門限は夜11時。12時を回ったら裏口から出て行く。近所のスナックで飲むためだ。私の２代前の監督だった後藤さんと一緒のことが多かった。後藤さんは２学年上のＬＯでレギュラー。私は現役時代、

178センチ、83キロと比較的大きかったので、1年生の時にはLOのコンビを組んで下の試合に出たこともある。飲みには後藤さん以外の部員が入ることもあった。

行きつけのスナックには稲門会の人とか中小企業の社長なんかがいた。「族《ぞく》」*6の人もいたかもしれない。バブル景気の華やかな時代背景と重なって、みなさんがごちそうしてくれた。そういう人たちがいない場合も、ママが「あの人たちにつけとくわ」と言ってくれる。わずかに氷代だけは払った記憶がある。当時は、若者の間でバーボンがはやってい た。フォアローゼズなんかをよく飲んだ。後藤さんと一晩でボトルを1本ずつ空けたりする。そういうところは楽しかった。古き良き時代である。

ただ、日々の練習で手を抜いたことはない。自分の中ではメリハリをつけたつもりである。やる時はやる、遊ぶ時は遊ぶということだ。

清宮さんは卒業する時にまたぼそっと言った。

「おまえたちが夜いなかったのは知ってたぞ」

その門限破りに目をつぶってくれたあたりにも、キャプテンとして選手権優勝を引き寄せた清宮さんの器の大きさが垣間見られた。

充実の明治に屈する

3年生になって監督は佐藤さんから高橋幸男さん（1975年度卒、PR、報徳学園出身、現・松久）に替わる。あだ名は「ゴチ」。先輩に食事に連れて行ってもらったら、何が出てきても、皿の上を綺麗にして、最後は「ごちそうさまです」で締めくくるところからついたと聞いている。キャプテンは堀越さん。私も上級生になり、「チームのこともやってほしい」と言われ、委員に任命される。

この代の大学選手権（27回）は準優勝。決勝戦で明治に13―16と惜敗する。4回目の連覇は果たせなかった。

堀越さんは真面目だった。一生懸命にチームを引っ張る。しかし、FWに選手が残っていない。前年のレギュラーは私だけ。ボールを獲得する前8人の経験の少なさは連覇を引き寄せるには厳しかった。

逆に明治はFWが充実する。HOは西原在日さん（NEC）、FLは同期の小村淳（神戸製鋼、日本代表キャップ4）、NO8は冨岡洋さん（神戸製鋼）らがおり、SHは2年生の永友洋司君（サントリー、日本代表キャップ8）、CTBは1年生ながら元木由記雄君（神戸製鋼、日本代表キャップ79）が出ていた。青森であった春の早明戦は15―64と考えられない大敗を喫した。そこから対抗戦は終了間際に24―24とする劇的な同点ゲームに持っていき、最後の選手権は3点差負け。ライバルに勝てなかったが、この年も春からの差を練習で詰める、「早稲田らしさ」は出せたようには思う。

目標に届かなかったキャプテン時代

最終学年ではキャプテンになった。早稲田は卒業する4年生が話し合って、次のキャプテンを推薦する。

「日本一を獲ってほしい。獲れるチームを作ることができる奴、という点で選んだ」

堀越さんの説明である。私は当初、抵抗する。責任を持たされるのが嫌だったのではなく、目立つことが嫌いだった。ひっそりしていたかった。

「今西でいいじゃないですか。あいつは体が張れるし、見てくれがおっかないから相手への威嚇《いかく》にもなる。自分はそれを支えます」

今西俊貴（LO、報徳学園出身）の名前を挙げたが、高校時代のようにはいかない。２年目に入った監督のゴチさんに一蹴《いっしゅう》される。

「おまえがやれ。おまえは役目を与えておかないと夜遊びするからな」

結局、私がキャプテンになり、今西と学院から一緒だった守屋が副将として補佐してくれる。守屋とは役職が高校時代と入れ替わった。

目標は「日本一」。そうしろと言われたことはないが、でも私が主将だろうが、誰だろうが常に日本一を目指す。それが早稲田ラグビー。勝たなきゃいけないし、負けてはいけない。そういうチームであるということはいろいろな人に言われ続けてきた。だから、自分たちからすれば当たり前のことである。

当時の『鐵笛』には、こう記している。

〈我々「早稲田ラグビー」という組織において、一番欲しているものは何だろう。それはもちろん「日本一」である。だから日々の練習において、常に「日本一」ということを「絶対目標」として念頭に置こう。そして「日本一」になったその自分たちの姿を想像して練習しよう。（中略）勝負とは、勝ちと負けの二者択一の世界である。誰が「負け」を選択したいだろうか。誰が負けて互いを慰め合おうと思っているだろうか。だから絶対勝とう。そう信じよう。それだけを考えよう。そうすれば、「勝利の女神」は、もしかしたら苦笑いかもしれないけれど微笑んでくれるだろう〉

新入生の時に反発した「新人練習」や「しぼり」は残す。組織を引き締めるひとつの手段として考えた。100人を超える部員がいれば、やはり規律を破る者も出てくる。自分が飲みに行っていたことを棚に上げて申し訳ないが、規律を破る者を放っておけばチームの結束に影響する。しようがない部分はある。残っているのは必要があるからだ、ということを感じた。もちろん、いまはそういうことはできない。パワーハラスメントやいじめの認定を受けてしまう。

我々の代の大学選手権(28回)は準決勝敗退に終わった。新装した一世代前の花園ラグビー場で大阪体育を24―19で退けたが、次の大東文化には12―22と上回ることができなかった。大東文化はトンガからの外国人留学生を受け入れる草分け的存在で、ロペティ・オト(WTB、トヨタ自動車、日本代表キャップ8)やシオネ・ラトゥ(NO8、三洋電機=現・パナソニック、日本代表キャップ9)ら破壊力のある選手がそろっていた。優勝はその大東文化に19―3と差をつけた明治が連覇を達成した。早稲田は日本一に届かなかった。

キャプテンとしての反省は、個人に任せ過ぎちゃったかな、ということだ。

自分が押しつけられるのが好きではない、ということもあって一人ひとりを大人扱いした。個人に任せ、その裁量を大きくしたことはある。これは、個人が意識してやらなきゃ意味がない、という自分自身の考えに基づくもの。無理矢理やらされるのは問題であり、早稲田に入ってきたからには、みんな自発的に課題に取り組むだろう、と思っていた。

しかし、準決勝で負けたという結果から見れば、個人個人がやることをやり切れていなかったということになる。こだわるところ、細かいところが選手の自主性に任せるあまり、おろそかになった部分はある。

たとえばディフェンス。スクラムから相手のサイドアタックを止めに行く場合、私は右FLだったから、常にそばにはSHがいた。当時のレギュラーは1学年下の堀越弟（弘二、1992年度卒、三洋電機、熊谷工出身）だったが、このサイドの内と外をどちらが守るか、ふだんは必ずプレー前に声を掛け合い確認していた。ところが、大学選手権準決勝の大東文化戦の自陣5メートルでの相手ボールスクラムで、その声掛けを怠ったが故にトライを許す。一番大事な場面でコミュニケーションが取れずにいた。「わかっているだろう」と人任せにしていたのを振り払えないでいる。「個人を信頼している」と言っていたけれど、結局、優勝できなければ、「きれいごと」で終わってしまう。

ただ、最後は優勝できなかったけれど、大学の4年間は充実していた。いろいろな人、先輩や同期、後輩に会えた。象徴の『荒ぶる』に向かって努力することはできた。そういう思いを持ってやっている人間はチームのグレードにかかわらずリスペクトできる。いま、ダイバーシティ（多様性）が叫ばれているが、そういう個性を持った人間がいっぱいいる集団の中に30年も前にいられた。なかなかいられる場所じゃない。

当時、コーチだった山本巧《たくみ》さん（1985年度卒、主将、PR、青山学院出身）に言われたことがある。

「おまえらの代で勝てなかったら、当分は勝てねえぞ」

私の同期では今西や守屋のほかに、吉雄潤（CTB、サントリー、國學院久我山出身）や小山義弘（PR、桐蔭学園出身）、3年生には堀越弟や小野勇人（1992年度卒、WTB、希望ケ丘出身）、2年生には増保輝則（1993年度卒、WTB、神戸製鋼、日本代表キャップ47、私立城北出身)、1年生には遠藤哲(1994年度卒、LO、ワールド→サニックス→リコー、早大学院出身)らがいた。メンバーはそろっていた。

そんなことはないだろうと思っていたが、結局、清宮さんがキャプテンの時に大学選手権に勝った後は、その清宮さんが監督になった時に11回目の優勝[*7]をするまでの13年間、頂点から遠ざかってしまった。やはり、巧さんが言ったように、勝てる時に勝っておかないといけない。

今回、監督2年目のメンバーもキャプテンの齋藤を含めて私の現役時代に劣らない、いやそれ以上の人材が集まった。このメンバーで優勝できなければ、この先しんどいかもしれない、と思った。巧さんの言葉が耳に甦ってくる。その思い出から、危機感を持って取り組んだ。結果、11年ぶりの優勝につながった。苦かった4年目の思い出をよい形に転換できた。

(＊1) 東芝ラグビー部
創部は1948年(昭和23)。2006年度、チーム名を事業所の東芝府中から企業名の東芝に変えた。優勝は全国社会人大会3、トップリーグ5、日本選手権は6。トップリーグ制覇はサントリーと並び最多。東芝府中は1987年度、第25回日本選手権を早大と争ったが、16―22で敗れる。相良監督の高3時。早大のこの勝利は学生が社会人に勝って戴冠した最後の記録として残っている。

(＊2) ジョン・グラハム (John Graham)

1935年1月9日～2017年8月2日。教育者。NZ出身。1950年代後半から60年にかけて、同国代表チーム「オールブラックス」のFLとしてテストマッチ22試合に出場。主将も経験した。2005年には同国ラグビー協会会長にも就任する。1989年の早大の臨時コーチ時にはオークランド・グラマー高の校長だった。

(＊3) グラハム・ヘンリー (Graham Henry)

1946年6月8日生まれ。ラグビー指導者。NZ出身。2004年から11年まで8年間、オールブラックスのヘッドコーチ (監督) をつとめる。2011年の第7回ワールドカップでは同国を優勝に導く。監督としての通算成績は103戦88勝15敗。勝率85%。それ以前にはウエールズ代表のヘッドコーチなどにもついた。早大の臨時コーチ時にはケルストン・ボーイズ高の校長。2002年にも早大を教えた。96年からプロコーチに転じる。

(＊4) グリッド (Grid)
グラウンドに描いた5メートル程度の正方形の中で行うトレーニング。主にウォーミングアップ用。四方の頂点に選手たちが分散して、互いに対角線を目指してダッシュしながらパスをつないだりする。短距離でスピードを上げる、相手を避ける、パスの正確性などが身につく。当時は最新式の練習。グリッドは直訳すれば格子。

(＊5) マイケル・ジョーンズ (Michael Jones)
1965年4月8日生まれ。ラグビー指導者。NZ出身。相良監督の学生時代、そのスピードやスタミナで世界を代表するFLだった。1987年から98年まで12年の間、オールブラックスに選出され、74試合に出場した。ワールドカップは87、91年の2大会に出場。現役引退後、2004年から06年までは母の母国であるサモア代表のヘッドコーチをつとめた。

(＊6) 族
早大ラグビーの熱心なファンで、東伏見にグラウンドがあった時から毎日、練習見学や試合に訪れた人々の総称。「東伏見族」とも呼ばれる。主に定年退職をして悠々自適の人が多かった。上井草に移ったいまも足を運ぶ人たちはいる。

（＊7）第39回大学選手権

2002年度の大会。清宮監督の就任2年目。関東対抗戦では優勝。選手権では79―3流通経済、76―17東海、43―7法政と危なげなく降し、決勝に進出する。対戦相手は3年連続5回目の優勝を狙う関東学院。前半から終始優勢に試合を進め、27―22と逃げ切った。早稲田の選手権優勝は11回目。当時の主将は山下前監督。

第8章
キャプテン

対慶應戦の佐藤真吾主将　2018年11月23日
写真：早稲田大学ラグビー蹴球部

社会人でキャプテン、監督を経験

大学同様、社会人でもキャプテンにつく。2年目に任され、5年ほど続けた。

三菱重工に総合職として入社したのは1992年4月。相模原製作所に配属され、同時にラグビー部に入った。

ラグビー部は私が入部する11年前に「所技」となり、強化が始まった。私の代で初めてラグビーを軸にした大卒が3人採用された。早稲田の同期だった石井晃（CTB、調布北出身、現・GM）と法政のSO堀和人である。

就職の話はいくつかあった。ラグビーをやらない選択肢もあったが、会社員の定年は当時60歳。それまでの間、10年ほどラグビーを続けるのもいいかな、と考える。

最初はサントリーに行きたかった。清宮さんの存在が大きい。尊敬していたし、あこがれもあった。ただ、正式に私のところに話が来るのが遅かった。それに、いつまでも清宮さんについて行っていいのか、という気持ちも芽生えてくる。下にいたらずっとあの人を超えられない。いつか同じ土俵に上がりたい、という思いが強くなる。

三菱重工は最初から誘ってくれていた。監督のゴチさんも当時、系列の三菱自動車に勤めていたこともあって、「いい会社だから」とすすめてくれる。最終的には清宮さんと同じステージに立てるよう、これからこのチームを強くしたいという思いから三菱重工にお世話になることに決めた。

キャプテンをした後、２０００年には選手兼任で監督についた。翌年、トップリーグ[*1]の前身だった東日本社会人リーグに初昇格をする。入替リーグの最終戦で新日鐵釜石（現・釜石シーウェイブス）を34―33の1点差で降して昇格を決めた。

ただ、２００２年は7戦全敗で関東社会人リーグ（トップチャレンジの前身）に逆戻り。私は当時32歳。「引退」と口にした覚えはない。まだできる、やらせてほしい、という思いはあったが、プレイングマネージャーの時代でもなくなっている。現役をあきらめ、監督一本に絞った。

２００６年度には監督としてトップイースト（トップチャレンジの前身）で優勝。トップウェスト1位の近鉄を32―31の1点差で降し、トップリーグ昇格を果たした。

ところが、東日本リーグの時と同じで、翌年は1シーズンを戦っただけでトップリーグから落ちてしまう。最下位の14位。「ここは引いてくれ」という声が出たので、シーズン後に監督を辞任する。私は現役引退をした時も、兼任から専任監督になった時も、辞めた時も、「お疲れさま」や「ご苦労さま」と言ってもらったことはない。自分の中では、区切りがあいまいで、少しさびしい気持ちが残っている。

三菱重工相模原が再びトップリーグで戦うのは2020年のシーズンになる。

仕事現場で学んだコミュニケーションの大切さ

社での配属は最初、営業部だったが、新人1年目の途中の職制改正で担当業務が製造部所掌となり、入社後の約4年をそこで過ごした。しかし、製造部で過ごしたことで、コミュニケーションの大切さを学ぶ。相互理解のためには顔を見て話したほうがいい。

私の主な仕事は建設機械の発注を生産につなげ、納期までに引き渡すこと。注文を受け、生産計画を作成し、製品を作って、出荷を見届ける。その工程をフォローするため、毎日毎日、製造現場を歩いた。頑固で実直、そしてこだわりを持つ職人のような現場の人たちと雑談などで距離を縮める。ブルドーザーやモーターグレーダーなどに、「今日はタイヤがつく」「明日は塗装だ」と、完成までの工程をくまなく確認した。

しかし、部品の欠品や機械の不具合などトラブルも起きる。注文が重なると一気に作れない。現場の人たちは一生懸命にやっていたが、自分たちの都合を持ち出すこともあった。そこで、こちらが意見を言うと当然ながら相手はいい気はしない。

「なんで、おまえの言うことをきかなきゃならねえんだ」

相手は係長や課長であり、職階も年齢も自分より上だった。そういう人たちの対応をしないといけない。私の部署は人もそんなにいなかったから、比較的、裁量権は大きい分、上司も踏み込んで来なかった。その時はキャプテンの経験が生きる。会社の人もラグビー部員も「目的」を共有させる対象としては同じだ。日々、話す機会をできるだけ作っておけば、トラブルがあっても、そうこじれることはない。普段から現場の人たちとコミュニケーションをとっていたおかげで、どうやったら納期に間に合うかを一緒に考え、トラブルを乗り越えられた。そして、発注主にはトラブルを事前に伝え、納期遅延時には直接説明に行き理解を求めた。それがいまの監督という立場でも役立っている。

建設機械の国内営業もやった。妻の直子と結婚したのは１９９７年。その後、兼任監督から専任になり、ラグビー専属で過ごす。退任後はラグビー部の採用や高卒技能職の採用・教育、海外への建設機械営業やフォークリフトの営業をやったり、グループ会社に出向したりする。そして、本社に戻り立花さんの下で法人営業をやり、早稲田の監督になった。

人に任せるということ

社会人と大学、2つのグレードで私はキャプテンをさせてもらった。その役職は、引っ張っていく、という点で極めて重要だ。特に早稲田では委員を選び、委員会を作ってチームの方向性を決める。その舵取り役になる。

だからこそ孤独と言えば、孤独である。裁量の範囲が広いだけに、相談はしにくい。私の場合は、話しかけてくれてもよかった。でも、周囲からは言われた。

「話しづらい。黙っていると怖い」

そういう経験があって、社会人になって、キャプテンであってもこちらから人に相談をするのは悪いことではない、と感じるようになった。そして、こちらから声をかけるのが大事だと気づかされた。自分ですべてを背負い込む必要はないし、そこを超えていかないとチームとしての一体感が出てこない。

早稲田の頃は今西と守屋が副将として補佐してくれていた。吉雄も委員だった。でも彼らに自分の本心を打ち明けたことはあまりない。人に任せる気持ちはあったけれども、結果的に任せ切れていなかった。キャプテンという役を演じすぎていたかもしれない。

BKに問題があるなら、守屋や吉雄に「頼むよ」と丸投げをしてもよかった。タイトファイブ（PR、HO、LOのスクラムの中心になる5人）がよくないのなら、そこは今西に任せる。しかし、わずかに投げることすらしていない。いま思うのは、投げられると受けた側はチームの一員であることが再認識できる。そうなれば、もっとこのチームにコミット（関わること）するようになる。それがチームの結束を生み出していく。

そういうキャプテン時代の経験もあって、早稲田での監督就任2年目は特にチームにいい意味で「投げる」ことが多くなった。

春は対戦相手の分析やミーティングの資料作りは主力選手が担っていた。秋からは新しくヘッドコーチになった武川正敏（2001年度卒、SO、リコー、日川出身）の提案もあって、それらをメンバー外の部員にゆだねた。

試合を担当するレフェリーの笛の傾向は3人の学生レフェリーが伝えてくれる。小針悠太（太田③）、池田韻《ひびき》（福岡②）、川下凜太郎（早大学院①）である。試合に出ない部員もAチームに携わる環境ができてきている。学生同士のミーティングも増え、チームは徐々に変化してきた。

佐藤キャプテンの成長

就任1年目にキャプテンだった佐藤は、それまでの学生生活で上からコントロールされるのが彼の中で普通だった。「どうしたらいいですか？」という質問が結構あったように思う。

これは何も佐藤に限ったことではなく、この代は受け身の学生が多かった。気質や性格もあったかもしれないが、そういう環境しか知らなかったことが要因だと思う。指導者はコントロールしやすい人間のほうがやりやすい。

気遣いを含め、「これでいいですか？」とお伺いを立てているのかもしれないが、大学生なら、どうしたいか、どうなりたいか、もっと自分を出すべきだ。「一人ひとりが大事」ということは、就任当初から学生たちには言い続けてきた。

佐藤はシーズンに入ってから先発で使う機会は減った。ディフェンスにおいて安定性を欠く部分があったからだ。そこから来る反則も少なくなかった。私が「ディフェンスからチームを作る」と学生たちの前で言った手前、いくらキャプテンであるからといって先発を続けさせれば公平性を欠く。

リザーブ席が定位置となる中で、佐藤は先発で出られないことを自分なりに消化して、チームをまとめ、全員で戦うことにシフトしてくれた。最後は本当にいいキャプテンになった。

『ラグビーマガジン』（2019年3月号）には、佐藤の心の変化が田村編集長の筆によってつづられていた。タイトルは「101年目の原点回帰。」。

〈キックオフ時からピッチに立てたのは、結局、成蹊大戦と帝京大戦の2試合だけだった。

「プレータイムが少なくて悶々としています」

そんな話をしたのは帝京大戦を終えた後だ。

「キャプテンなのだから先発で出ないといけない。それなのに出られない。あの頃は、そういう思いが頭の中の大部分を占めていました。3年生のときまで、自分にばかりベクトルを向けている人間でした。そのときと変わらないままだった」

そんな苦悩の時期を乗り越えて、いい表情になった。

「先発で出たい。その気持ちは最後まで持っていました。当然ですよね、選手として。でも、何よりチームの勝利や成長を考えられるようになりました。それが喜びになった」

何かきっかけがあったわけではない。もがきながらもシーズンが進んでいって、その中でチームが成長し、早慶戦、早明戦に劇的な勝利を収めた〉

佐藤を含め学生からの希望もあって、Bチーム（二軍）が出るジュニア選手権の重要な試合を部の全員で応援に行った。カテゴリー2の優勝を決める日大戦、そしてカテゴリー1の最下位となった流通経済との入替戦。

「みんなで行くなら、バスを借りよう」

流通経済は茨城の龍ケ崎市にあるため、私はそうした。佐藤の感じたことが『ラグビーマガジン』にはつづられている。

〈初めて流経大のグラウンドに行きました。そこで、僕らのすぐ目の前でジュニアの選手たちがプレーした。盛り上がりました。みんなの応援がすごくて、一体感があった。日大戦もそうでしたが、流経大戦は早慶戦の数日前でした。そこでBチームが早稲田がやるべきラグビー、激しいディフェンスを見せてくれたんです。それでAチームも気合いが入った〉

日大には71―12、流通経済には29―21で勝利を収めた。ジュニア選手権ではカテゴリー1への復帰を決めた。早慶戦には21―14で勝利する。

それでも、佐藤にとってはつらい最終学年だったと思う。彼には詫びた。

「申し訳なかったな」

私は育ててやること、勝たせてやることができなかった。

「全然、大丈夫です」

そう返してくれたのが、私にとって救いだった。

『ラグビーマガジン』には選手権準決勝で終わった佐藤の代の総括も書かれている。

〈佐藤主将が後輩たちに、自分たちの果たせなかった夢を託す。

「最初はまったく主体性がなく、劣勢になっても誰も口を開かなかったチームがここまできた。ただ、このレベルに達するのが少し遅かったかもしれないので、いまの3年生たちには、ここをスタンダードに、もっと上積みしていってほしいですね。良かった部分は継承し、新しいものを創造し、つけ加えていく。それが早稲田ラグビー。その代なりの色があってもいいと思います」

シーズン終盤、キャプテンはいつも、「死んでもいい」ぐらいの気持ちでピッチに飛び出していた。

チームを愛し、仲間を信じる。

100周年Vは成らなかったけれど、早稲田ラグビーは101年目に大切なものを取り戻した〉

佐藤はいま、大手総合商社の丸紅で働いている。

「○○組」という表現が好きになれない理由

次の代のキャプテンには齋藤直人がついた。ほかに候補は岸岡や幸重がいた。齋藤はそのプレーやラグビーへの取り組みなどから、選手たちから一番信頼があった。性格的にも負けず嫌いで、自分に厳しい。どんなにきつい時でも走り続けられる。そしてチームを勝たせたい思いも強い。いい意味で勝つこと、高めることなど自分にベクトルを向けている。キャプテン向きである。ただ、責任感が強過ぎるところがあって、役割に押しつぶされてしまう懸念があった。そこで私は話した。

「チームをまとめようと思わなくてもいい。直人の持っているものを言葉や行動で出してくれ。そうすればチームは勝手にまとまる」

ＳＨのつとめを果たして、そのパフォーマンスで引っ張ってくれればいい。

齋藤は何かあればコーチ部屋にやってきた。

「今週はこういう練習がしたいです」

「先の予定はどうなっていますか？」

この学年全体に言えることは１年前に比べて意思表示ができるようになったことだ。

「やるのは君たちだ」と最初に訓示した効果が出てきているようだった。齋藤は恥ずかしがり屋の一面もあったが、キャプテンになったら意外としゃべり、意思疎通が多くなった。そういう思いがけない効果もあった。

キャプテンはチームをまとめ、引っ張っていく存在ではある。しかし、私はその代のキャプテンの苗字の後に「組」をつけた表現が好きになれない。「佐藤組」「齋藤組」。私が現役の頃は、一般的ではなかった。チームはキャプテンを中心にした4年生だけのものではない。3年生も2年生も1年生もいる。その年を構成した全部員のためのチームだと思っている。

（＊1）トップリーグ

日本ラグビーの最高峰。競技力向上を主目的とし、2003年、東日本、関西、九州の3地域の社会人リーグを吸収し、全国規模に統一したリーグ。初年度は12チームスタート。2020年度は16チーム。日程終了後に二部のトップチャレンジの上位チームと入替戦を行う。2020年1月に始まったシーズンはコロナ禍のため、第6節終了時点で史上初の中止。これまで16回あったリーグ戦で最多優勝はサントリーと東芝の5回。三菱重工相模原はこのリーグで2007年度と2020年度の2回戦っている。

第９章
徹底

入部式　2019年４月13日
写真：早稲田大学ラグビー蹴球部

For One

齋藤をキャプテンに据え、早稲田の２０１９年度が始まった。

2年目のチームスローガンは「For One」。学生たちが考えた。

日本一のため、各自ができることをやり続ける。選手だけでなく、監督、コーチ、スタッフ、OB、ファンを含め早稲田ラグビーにつながるすべての人とひとつになる、という意味も込められている。昨年の「Moving」も残した。引き続き体現しなければならないことである。

プレーの細かいキーワードは「勝ちポジ」と「トツ」にする。

「勝ちポジ」は「勝てるポジション」の短縮形で、言葉自体は私が入る前からあった。体を前傾させて、目線を上げる。前に出る準備である。昨春に大敗した天理はそういうところができていた。早稲田でもS&Cコーチをやった里大輔《さとだいすけ》さん[*1]が使ったと聞いている。コーチ陣の間でも1年目の終盤に「準備が大事」という認識が広まっていた。「勝ちポジ」は私の就任1年目から出ていた言葉だったが、キーワードとしてより明確にした。攻守どちらにも使えるが、どちらかといえばディフェンス寄りの言葉だ。姿勢を早く作り、タックルにより強く入る一連の動作にぴったりくる。

2つ目の「トツ」は、倒れてもすぐに立って、動き続けること。専門用語を使えば反応の「リアクション」と高い仕事量の「ハードワーク」を足したような形になる。モデルになったのは、それがあだ名だったOBの中村喜徳《よしのり》（2001年度卒、HO、西南学院出身）。彼は転んでもすぐに起き上がって次の仕事をこなした。大西先生にも「2倍働け」という教えがあった。このワードも自分たちが作ったものではなく、2代前の監督だった後藤さんが「意識させるキーワードはないだろうか」と探して、使ったものである。

主将は齋藤に決まり、副将には幸重がついた。委員は5人選ばれた。4年生は3人。岸岡、中野将、松本悠汰（CTB、天王寺出身）。松本の父は私より5学年上の雅由さん（1986年度卒、SH、河南出身）。3年生が2人。下川と丸尾。主務は宇野、副務は亀井亮介（飯田③）寮長は柴田になった。

この年の委員は学生からの推薦を聞いて、最終的には私が判断した。

コーチ陣の入れ替え

指導陣は私を含めてフルタイム4人制になった。

ヘッドコーチの武川は、前年度までリコーのスキルコーチをやっていた。根は優しい人間だが、選手起用などでは使える、使えない、などの判断を冷静に素早く示せる。コーチは時に決断を迫られることもあり、この仕事に向いている。そして冷静沈着でありながら、ハートは熱い。

アシスタントコーチは2人。権丈太郎《けんじょうたろう》（2007年度卒、主将、FL、NEC、筑紫出身）は3月に現役を引退して、4月からすぐに指導する立場に回る。後藤翔太（2004年度卒、SH、日本代表キャップ8、神戸製鋼、桐蔭学園出身）も加わった。武川と権丈はそれぞれリコーとNEC、後藤はラグビー部OBの経営する「識学」からの出向になった。権丈も後藤も優勝を経験[*2]している。『荒ぶる』を歌うことがどういうことか知っていた。

一方、前任のコーチ4人は退任した。ヘッド格だった古庄は白鷗大の監督に転出した。大峯は高校の保健体育の教員を目指して母校の東筑に戻り、講師になった。その後、福岡県の採用試験に合格。2020年4月、北筑に赴任した。安藤は残ってもらうつもりだったが、所属するセコムとの調整がつかず、社業に専念することになる。

三井は慶應のBKヘッドコーチになった。

「びっくりした」

私が三井から最初に相談を受けた時の感想である。本人からその話が出たのは前年9月。急なことではない。このシーズン後に就任が決まっていた栗原徹監督が組閣を考える上で三井に白羽の矢を立てた。2人はトップリーグのコーチ研修（三井コーチは東芝、栗原監督はNTTコミュニケーションズ）などで一緒だった。

「来てほしい、と言われました。母校でコーチをさせてもらって、1年で動くのもどうかと思います。でも、誰にでも来る話ではありません」

本人は悩んでいた。話し合いをして、シーズン終了後に去就を決めることになる。もし出て行かれれば、チームとしては痛手を被る。私も彼の指導力に期待をしていた。しかし、三井はチャレンジをしたがっていた。外に出て成長したいという思いを持っていた。

それはおかしな話ではない。まして、プロコーチなら当然だ。

ラグビーは早稲田や慶應など伝統校の間で壁がある。しかし、プロ野球なら巨人から阪神への転身は珍しいことではない。ラグビーにもプロの指導者が増えてくれば当然こういうことが起こる。私は三井がその先鞭をつけるべきだと考えた。ただ、この話が秘密裏に進めば、公になった時、OB会同士がハレーション(衝突)を起こす可能性がある。慶應のOB会の主だった人に連絡をして、早稲田のOB会に「もらいうけたい」というあいさつを先に入れるようにしてもらった。結果的に、契約寸前でちゃぶ台をひっくり返されることもなく、三井は指導の場を早稲田から慶應に変えることができた。

弱かったスクラムを強化

主将、委員、コーチが決まり、私の監督2年目が本格的に進む。

1年目は大学選手権の準決勝まで行った。緊張やシーズンの長さ、そして本当の悔しさを味わえたことは大きい。優勝した明治は普段通りの力を発揮していた。その差は経験だ。我々も4強には残れた。経験は積めているはずである。そして、レギュラー陣は「今年勝たなければ、いつ勝つんだ」という顔ぶれだった。1年目に注力したディフェンスは形にはなってきていた。その上で私はFWの強化をテーマに掲げた。BKにはトライを獲れる選手がそろっていたが、まずはボールを獲ってこないと話にならない。その選手たちの底上げである。

その中でも特に注力したのはスクラムだ。ラインアウトとともにセットプレーと呼ばれ、プレーが始まる起点となるが、その部分を制することができれば、勝利は近づく。

前の代からは卒業で左PRとHOのレギュラークラスが2人ずつ抜ける。1番は鶴川達彦（桐蔭中等教育）と千野健斗（成蹊）。2番は宮里と峨家だった。鶴川はHonda、宮里は三菱重工相模原、峨家は東京ガスでラグビーを続けている。

その層の薄さを埋める意味もあって、PRの久保を右から左にコンバートする。本人の希望もあった。右には1学年下の小林が台頭。久保にとって左右両方できるのは、出場機会が広がる意味において悪いことではない。

そのスクラムの専門コーチだった伊藤は豊田自動織機に移った。後任として佐藤友重（1993年度卒、PR、ワールド→リコー、秋田工出身）に来てもらう。愛称は名前の「ともしげ」。現役時代は私の2学年下で、日本代表にこそ入らなかったが、早稲田でもワールド（現在は廃部）でもスクラムの中心だった。経験や知識は豊富。彼が伊藤の代わりに来てくれて助かった。ただ、友重はリコーの社員だったので、基本的には週末しか見られない。

そのため、平日の練習は権丈が指導した。フロントロー（PR、HO）出身ではないので、専門的な部分を教えるのは難しいが、同じFWとして基本的なことはわかっている。壁に手をついてスクラムを組むときの姿勢をとらせ、そこに人を乗せて圧を加える。腹筋や背筋。スクラムは1対1から人数を増やし2対2や3対3などできる範囲で練習を積ませた。

スクラムは春に危機感を持った。

5月12日の春季大会、東海戦で崩壊する。前年からだましだましやってきたが、後半終了間際にスクラムを押し込まれ、36―40（前半17―21）で敗北した。東海はAグループに属している。早稲田は前年成績で最上位のグループに上がれたのはよかったが、対戦相手は強敵ぞろいになった。

この時あたりから、権丈と友重は膝を突き合わせて、真剣にスクラムの強化について話をするようになった。FW全般に責任を持つ権丈にすれば、東海にスクラムを負けたことで、相当な焦りを持った。鍛える上で彼らが大切にしたのは、早稲田のバイブルとも言える「低さ」。加えて、8人のまとまり、組み合う時のフロントローのヒットスピードなどだった。スクラム練習は1年目には週1〜2回だったのを3〜4回に変えた。さらに、7

月の1ヵ月間は、集中的にスクラムに取り組んだ。私もFW上がりなのでスクラムのしんどさは理解しているつもりだ。FWの面々には発破をかけた。

「今年のBKはすごい。スクラムが安定してくれればなんとかしてくれる。逆にスクラムが安定しないと勝てない。しんどいけれど、練習を重ねないとな。『最後はFWのおかげで勝てただろ』と言ってやれ」

スクラムに関しては丸尾が思いを話してくれている。『ラグビーマガジン』の2019年10月号に載った。田村編集長が彼個人を取り上げ、「フォワード！」というタイトルをつけてくれた。

〈久々に大学選手権の4強となった昨季。しかし、まったく満足していない。

「ごまかしながら勝っても、セットプレーが弱かったから準決勝止まりだった。あらためて分かりました。このままなら、あれ以上は勝てない」

昨季の大学選手権準々決勝の慶大戦。積み上げてきたものを最後の最後に発揮し、試合終了直前に相手ボールスクラムでPKを勝ち取って、逆転勝利に結びつけた。そんな試合もあったが、丸尾の目は厳しい。

「何本かに一本組めるスクラムをあそこで出せたのは運が良かったと思います。そうではなくて、いつだって、強いスクラムを組めるようにならないといけない。考え方が変わりました。自分が押す。自分がスクラムに勝つ。（最後尾でも）そんな気持ちで組んでいるつもりでしたが、やはり、どこか前の人たち（フロントロー）に任せていたところがあったかもしれない。いま、以前とはまったく違います」

今季は春からFW全員がウエートトレーニングで個を強くし、パックとしての意識もより高める日々を過ごしてきた〉

丸尾が挙げたのは残り数十秒でのスクラム。慶應ボールにもかかわらず相手にコラプシングの反則を犯させ、PKからのラインアウトで佐々木が逆転サヨナラトライを決める。丸尾はその時のことを振り返っていた。NO8として最後尾からスクラムに加わるうえで、そこに向き合う意識が変わってくれることは頼もしい。何より、私が望む主体性が2年目になって浸透していることが確認でき、うれしかった。

スクラムを含めて、FW全体を前向きにしてくれたのは権丈だ。

昨年まではスクラムやモールを押された時の対処を考えていた。彼が来てからは「FWで勝つ。まずここ」ということを大前提にしてくれる。私の学生時代、初めて『荒ぶる』を歌えた時と同じである。ジョン・グラハムとグラハム・ヘンリーが来てくれて意識が変わった。「押された。しようがない」ではなくなる。

コンタクトもやり直してくれた。特に学生たちが「権丈タイム」と名づけた練習は効果があった。5メートル四方ほどのグリッドの中でのボールの争奪。1対1からスタートして人数を増やしていく。トライできれば退き、できなければ再度チャレンジする。コンタクトバッグを使ったり、フルコンタクトでやったりした。その練習のおかげで、体の強さはもちろん、闘争心もついた。


キャプテンの齋藤は東海の試合で腰を痛めた。春はケガを治すことに集中させた。彼はワールドカップの日本代表スコッド（候補）に入っていた。もし選ばれたら出すつもりだった。それくらいの能力はある。事前合宿があるため、少なくとも対抗戦の前半3試合には出られないし、ケガのリスクもあったが、出ればラグビー人生は大きく開ける。彼のいないシーズンはつらいが、日本でのワールドカップはキャッチコピーにあるように「一生に一度」。チームも良い刺激を受けることは間違いない。残念ながら、最終的にはSH3人の中には入らなかったが、4年後のフランス大会に楽しみはつながっている。

齋藤以外に岸岡も教育実習でいなくなった。リーダーが少ない状況では試合に勝つのは難しい。東海に続き、6月9日の春の早明戦（招待試合）は14—29（前半7—12）、1週間後の春季大会は帝京に24—61（前半5—26）。岩出雅之監督には「2本目やないか」と言われたが、ケガ人と教育実習を除いたベストメンバーだった。

Aチームの春は3勝3敗で終わる。

丸茂健君のこと

昨年からのチームの上積みを感じる2019年の春シーズン、ひとりの2年生部員が亡くなった。練習中の事故が原因だった。5月8日。週末に東海戦を控えた週だった。

丸茂《まるも》健《たける》。175センチ、82キロのFL。神奈川の川和高出身でスポーツ科学部に在籍していた。

丸茂は一浪して早稲田に入ってきた。しかし、その遅れを感じさせないフィットネスを持っていた。新人練習ではトップクラスだった。浪人してでも早稲田ラグビーを目指す人たちの象徴のような存在だった。

事故が起こったのは、1年生だった2018年の11月。ブレイクダウンの練習中のことだった。受傷後は意識もあって、話すこともできた。ただ、体は動かなかった。救急搬送で大学病院に運ばれた。診断は頸椎損傷だった。

事故の晩に緊急手術をした。深夜の緊急手術に向かう前、ご両親と医師の計らいで本人に会わせてもらった。丸茂はその時が一番、話ができた。私に何度も謝ってくる。

「すいません。絶対に復帰しますから。すみません」

ケガをした責任を自分に振り向ける。私は涙をこらえきれなかった。

「頑張れよ。必ず復帰できる。待ってるから、慌てずしっかり治せ」

そう声をかけた。入院してまもなくして肺炎を併発した。よくない状態だった。ただ、11月末には小康状態に入り、意識レベルは戻ってきた。お見舞いに関しては家族に気を遣われてしまった。

「息子が『いまはシーズン中で大切な時期だから、大学選手権が終わってから来てください』と言っています」

その言葉に私自身、甘えが出る。ＩＣＵ（集中治療室）に入院していたことから、むやみやたらに人が出入りすると病状に影響するのではないか、という思いもあり、病室から少し遠ざかった。事故からの経過の中で、大学と部でどちらが前面に立つのかという話に時間がかかったこともある。そういうところがご家族にはどう映ったか。数々の不義理を重ね、私はいまでもお詫びしたい気持ちでいっぱいだ。

丸茂は2月上旬にはＩＣＵからＨＣＵ（高度治療室）に移った。私は病状がよくなったことを受け、部員たちには人数制限をかけながら見舞いの許可を与えた。私も何度か行かせてもらった。ただ、しばらくして病状が暗転。4月上旬には緊急手術もした。「奇跡は起きる。治る」と部員たちと信じたが、ついにかえらぬ人になった。彼は私の長男・隆太と同い歳だった。ラグビーで事故が起き、若い世代が命を失う。深い悲しみはいまも残る。

告別式は5月16日に行われた。２０１８年度のコーチ陣も含め、スタッフと全部員で参列した。ご両親の許可を得て、棺に赤黒ジャージーを収め、棺を部旗で包み、第一部歌の『北風』で送り出す。

私は火葬場まで行き、最後のお別れをした。

丸茂が亡くなって、最初の試合にあたる東海戦では黒のビニールテープを喪章として、ジャージーの左袖に巻いた。２０１９年度の試合はグレードにかかわらずそのすべてにおいて出場する選手はこの喪章を巻いた。また、公式戦ジャージー「赤黒」には左袖の裏側に喪章を意味する黒ラインを1本追加した。「丸茂とともに戦う」という気持ちを込めた。このラインはこれからの赤黒ジャージーにも標準として残していくつもりである。ＯＢ会やラグビー部の部長にも、その希望は伝えてある。

火葬場を離れる際、彼のお兄さんに言われた。

「絶対に優勝してください」

その思いをしっかり受け止めないといけない。丸茂のためにも勝たなければならない。私はメディアの前でなにも話さなかった。このことをモチベーションの象徴のように取り扱って欲しくなかったし、優勝した時の美談として利用してほしくなかったからだ。

ご両親は試合を見てくれている。私も月命日にはお参りに行かせてもらっている。卒業まで選手登録は残し、同期とともにＯＢとしてその名を残すつもりでいる。丸茂はいつまでも早稲田ラグビーの一員だ。

（＊１）里大輔
１９８５年（昭和60）生まれ。Ｓ＆Ｃコーチ。長崎県出身。陸上の短距離ランナーとして、長崎南から浜松大に進む。大学や実業団の監督を経て、現在はアスリートのスピードアップに主眼を置いた活動を続けている。サッカー、スケート、バレーボールなどさまざまな競技を指導。ラグビー界とも関わりが深く、各世代の日本代表やトヨタ自動車、早大、中大、静岡聖光学院などへの指導実績がある。

（＊2）大学選手権の優勝経験

後藤コーチは権丈コーチの3学年上。優勝経験はそれぞれ2と3回。後藤コーチの2年時の優勝は39回大会（2002年度、決勝＝27―22関東学院）。4年時は41回大会（決勝＝31―19関東学院）。この時、権丈コーチは1年生。残りの2回は2年時の42回大会（決勝＝41―5関東学院）と4年時の44回大会（決勝＝26―6慶應）。早稲田にとっては11〜14回目の優勝にあたる。

第10章
現実

対抗戦・明治戦　2019年12月1日
早稲田メンバー、左が大﨑哲徳、右が小林賢太
写真：早稲田大学ラグビー蹴球部

徐々に形になるスクラム

スクラムの集中的な鍛錬を終えて、8月、菅平での夏合宿に入った。

2019年は9月20日から日本で開催されるワールドカップの影響で、対抗戦の開幕が早められた。初戦は8月31日、菅平で日本体育と対戦する。

その前哨戦として2つの練習試合を組んだ。天理と帝京である。

8月15日、天理と対戦した。昨年6月、招待試合で大敗して、お手本としてきたチームだ。33―14（前半7―7）と1年で勝敗を逆転する。

いきなり前半3分、取り組んできたスクラムを押され、結果的にトライを許す。びっくりした。しかし、徐々にプレッシャーをかけられるようになり、前半ロスタイムでは逆にスクラムでペナルティートライを奪う。やっとこさ形になった感じがする。勝ち負けより、これが大きい。友重と権丈が修正しながら引っ張ってきてくれた。

8月21日の帝京戦も31―21（前半21―7）で勝てた。この試合でもスクラムはそこそこ組める。ただ、大東文化と東海とスクラムセッションをしたら、春に続いて東海には歯が立たなかった。こちらが強化した同じ時間が相手にもある。まだまだ。相手によって、という課題は残っていた。

菅平の練習試合を2戦2勝で終え、対抗戦の初戦・日本体育戦に臨む。68―10（前半35―10）と開幕白星を決めた。

8月12日から続いた20日間の合宿の最終日で、選手たちは疲労が蓄積していた。しかし、シーズンが深まって大学選手権に入れば、こういう状況も出てくる。1年前のシーズン終盤は心身ともに疲れ切っていた。そのシミュレーションとして、あえてコンディション調整はやらなかった。そのことは菅平で行った最初のミーティングの時に部員たちには伝えてあった。

9月8日の青山学院戦は92―0（前半40―0）、15日の筑波戦は52―8（前半26―3）。3連勝してワールドカップの中断期間に入った。

メンタルコーチ・布施努さんの就任

この夏から、チームにとって心強いコーチがやってきてくれた。チームパフォーマンスダイレクターの布施《ふせ》努《つとむ》さん[*1]である。就任2年目で作った新ポストは、世間ではメンタルコーチとして知られている。招聘理由は学生たちの主体性をより育みたかったからである。布施さんは桐蔭学園や早実のラグビー部も見ていたので、連絡は取りやすかった。

就任1年目の秋、Cチーム以下の4年生数人が腐りかけていた。Cは三軍であり、対抗戦はおろか、ジュニア選手権にも出られない。つまり、目標を失っていた。その4年生らは練習にこそ顔を出してはいたが、ただこなしているだけだった。

ある日、スクラム練習が長くなった。反抗的な態度が顔や言葉に出る。コーチの安藤が激しく怒って、「もう来なくていい」とグラウンドから追い返した。もちろん、そのまま放置はしない。私は彼らに言った。

「就職も決まって、卒業まで後数ヵ月だから、漫然と過ごせばよい、と思っているなら、3年半ここでラグビーを続けて来たかもしれないけれど、明日から来なくてよい。おまえたちの姿を見て、こんな4年生になりたいと後輩の誰が思うか。そういう先輩になりたくない、と後輩たちから思われて卒業したいのか」

　彼らの態度はそこから変わるが、私に言わせれば子供だった。這い上がる意欲はない。練習には来るけど、熱もない。早稲田のよさは到底ない。たとえ試合に出られなくてもあがき続ける先輩がいる。それを後輩たちは見ている。そうして、自分たちがその立場になれば同じようにあがき続ける。少なくとも私の現役時代はそうだった。

　そういう部員がいれば、チームにとっていいことはひとつもない。ただ、そういう学生は多かれ少なかれいる。彼らに対して、その方向を変えていく主はキャプテンを始めとするリーダー陣である。リーダーが諭して、彼らに気づきを与えるべきだ。しかしながら、彼らはそのプロではないし、私も同様である。そこで布施さんの力を借りたいと思った。その気づきを専門的な立場から与えてくれるし、腐らないように導いてくれる。

　布施さんは野球畑の出身で、早実時代は荒木《あらき》大輔《だいすけ》さん[*2]とプレーしたりもしている。以前から携わっている桐蔭学園では齋藤や柴田のよき相談相手であった。

春のチーム始動から布施さんには指導をお願いしたかったが、この夏合宿から来てもらえるようになった。シーズンの終わりには、ほぼ毎週のように顔を出してくれた。上井草にぷらっと来て、私と雑談をする。雑談と言うよりは相談だが、ある選手の話をすると、「じゃあちょっと話して来ましょう」とそのフットワークは軽い。

布施さんは専門のスポーツ心理学に基づいて、自分たちが目指すもの（優勝）のためにはどういう思考や役割性格（役割に応じた振る舞い、考え方）を持って臨んだらよいか、その時の行動や言葉を齋藤らリーダー陣に解説する。シーズンが深まるにつれて、試合に出られない選手たちにも次の準備を説く。トレーニングがメインの練習ではモチベーションを保つのは難しい。その状況でどういう気持ちで日々を過ごすべきか。試合に出る、出ないに関係なく4年生だけを集めた話もあった。できることを考える、役割を果たすなど、最上級生がひとつの方向に向くようにしてくれた。

布施さんのよいところは座学のみの一方通行にならないところだ。グループセッションの場合は自身が話をする中で、学生たちが思いを伝え合ったり、考えをぶつけ合う。他人のよい部分をみんなで言い合ったりするところなどは、前向きになれる。何より学生同士の会話は確実に増えた。

　私はコミュニケーションとはお互いがわかり合ってこそだと思っている。コーリングとか声出しとかは一方的な発信となりがちだが、それではコミュニケーションは成立したとは言えない。布施さんに来てもらうことによって相互理解のスキルは上がった。意思疎通がスムーズになったということはチーム力のアップに結びつく。

「気づける人間になってほしい。当たり前を当たり前にできる人間になってほしい」

　私自身が思っていたり、口に出していることが、布施さんが来てくれたおかげで、補強される。布施さんには言われた。

「相良さんはたまにはガツンと言ったほうがいいですよ。普段、厳しいことを言わないから、そのほうがインパクトがあります」

　私の相談に布施さんが、それはしないほうがいいでしょう、と反対することはない。こんな方法もありますよ、とヒントをくれる。選手の印象も布施さんと同じことがほとんどだった。専門家と見解が一緒というのは確認になるし、人物分析の自信にもつながる。

　チームは戦術やスキルへのアプローチの比重がどうしても高くなる。それとは逆に、取り組む心構えや目標設定の大切さの説明はどうしても怠りがちになってくる。その部分をロジカルに説明してもらえた。

その存在は大きい。私も含めチームは頭も体もクリアな状態になっていった。

息子たち

布施さんが来てくれたシーズン、対抗戦の2戦目から私は1年生の次男・昌彦を先発させる。9月8日の青山学院戦からだった。

私の「早稲田の監督」は公的なものであって、そこに親子関係という私的なものを持ち込むとややこしくなる。そういうこともあって、起用には躊躇《ちゅうちょ》していた。しかし、早実時代の彼を知る関係者を中心に春先から「昌彦を使え」という意見はあったし、コーチ陣からも推薦が上がってくる。私は最初、忖度《そんたく》ではないか、とも考えたが、そうでもないらしい。最終的にコーチ陣の意見に任せた。

昌彦は入学時、普通の学生寮に入れた。そこから練習に通わせた。いわゆる「外勤」である。入部する時には満身創痍。左ひじのクリーニング手術、膝や手首なども痛めていた。早稲田ではリハビリ組からのスタートがわかっていたからだ。

それに、1年生でラグビー部寮に入寮するにはそれなりの競技歴が必要だった。早実で昌彦の同級生だった小泉怜史《さとし》（FB）は入寮させた。2人とも高3の時には高校日本代表候補だったが、小泉は高2の時に17歳以下日本代表に入っている。

ケガに関しては、トレーナーから「もうちょっとじっくり様子を見たい」と報告が上がってきていたが、「いいよ。やらせろよ。あいつは大丈夫だよ」と返したりしていた。結局、5月19日の流通経済との練習試合で大学デビューさせる。最初はCチームで出し、その後にあったBチームの試合にも続けて出場させた。

元々、ワークレートは高い。問題はどこまでディフェンスにいけるかだった。夏の天理との練習試合では最後の2分でグラウンドに送り出した。その短さにもかかわらず、天理のボールをジャッカル[*3]する。それで試合は終わった。続く帝京戦でも最後の20分くらいからの出場になったが、よく体を当てて、タックルしていた。きっと、私の見えないところで、練習をしていたのだろう。

この頃には、左FLとして存在感が出始めていた。このポジションは4年生で寮長の柴田や大﨑哲徳（國學院久我山②）との争いになる。柴田は1年生から公式戦に出ていたし、一貫して努力を続けていたが、最終的にはワークレートやミスの少なさが決め手になる。昌彦は自力でレギュラー候補に挙がったため、春シーズン終了後にはラグビー部寮に移した。こういう成長曲線を描く選手のため、春は寮の収容人員に若干の余裕を持たせている。昌彦は秋の対抗戦の中でも進化してくれ、シーズン後半にはチームとして欠かせない選手のひとりになっていった。

私にはもうひとり、上に男の子がいる。2歳違いの長男の隆太である。彼もラグビーをやり、桐蔭学園から立教に進んだ。2020年春、4年生になった。

高校時代に早稲田を目指したが、縁がなかった。ただ、もし隆太が入っていれば、私の監督就任はなかったかもしれない。昌彦の場合は彼が私の監督就任後の入部なので問題はなかったが、隆太が在学中なら状況はまた違っていたかもしれない。

兄貴には早稲田や弟に対して、複雑な思いがあったはずだが、いまは副将として、HOとして、立教を勝たせることに心を砕いている。体が張れ、タックルが大好きな選手である。そして何より、ラグビーにストイックで努力家である。昨年は「高いレベルでチャレンジしたい」とNZに単身留学をした。身長は170センチあるかないか。サイズで考えると天理で2019年度キャプテンだった岡山仙治《ひさのぶ》君（現・クボタ）くらい。ジュニア・ジャパン*4だった岡山君と比べるとプレーのスケールはそこまでいかないけれど、彼を少し小さくした感じだ。

立教とは五大学の頃から定期戦を続けている。そのため、2019年には初の兄弟対決の可能性もあった。試合予定日は10月13日。ワールドカップの中断期間だったので、Aチームを当てる予定だった。試合勘を失わせない意味もあったし、2年連続で負けていることもあった。しかし、台風の襲来で流れてしまった。再設定は成蹊戦の前日の11月3日。Aチームは出せなくなり、兄弟対決も延期された。

今年は立教もAグループに再昇格したので、対抗戦兼定期戦として試合ができる。昌彦は冗談交じりに「兄貴に何をされるかわからない」と言っているが、本音はやりたいはずである。もし兄弟対決が実現すれば楽しみではある。

昌彦は2020年、ジュニア・ジャパンに選ばれた。同代表の水間良武監督から私に事前に電話があり、「昌彦を共同キャプテンにしたいと思います」と言われた。「あいつはしゃべれない。やめておいたほうがいい」と言ったのだが、その役目を任された。私自身、学生時代はシーズン最後にある東西学生対抗の東軍に選ばれたくらいで、関東学生代表という位置づけだった。比べるわけではないが、国際舞台で戦うチームにおいてそのような役目を任されたことは、理由はどうであれ大したものだ。何より、いい経験となることは間違いない。

明治に完敗して終わった対抗戦

対抗戦が中断した9月中旬から下旬には、早稲田がホストになった2回目の「ワールド・ユニバーシティー・ラグビー・インビテーション・トーナメント」(World University Rugby Invitation Tournament：WURIT) が上井草のグラウンドなどで開催された。

この大会は2015年のワールドカップ開催に合わせ、開催地のイングランドにあるオックスフォード大が発起チームとなり、世界の大学を招待して始まった。早稲田もこの最初の大会に指名を受けて参加している。ワールドカップに開催年と場所を合わせた4年に一回の大会のため、この2019年の第2回大会は早稲田がホストになった。9ヵ国からやってきた大学チームを学生らがもてなす。ラグビーを通じての国際交流は準備や運営などの点からもいい経験になった。２０２３年に予定されている第３回大会は、フランスで行われ、ボルドー大学がホストになる。

対抗戦の再開は11月4日。成蹊には１２０－０（前半61－０）と大勝する。そして、最初の山場、10日の帝京戦を迎えた。

この試合は34－32（前半17－25）と2点差でかろうじて勝つ。対抗戦での帝京からの勝利は9年ぶりだった。後半ロスタイムの5分、ＳＨ齋藤が逆転トライを挙げる。トライ数は同じ5ながらも、ゴールキックは３－２の1差で逆転をつかむ。土壇場で勝ち切るのが早稲田だが、その雰囲気が出てくる。ベストメンバーからＬＯ下川、ＣＴＢ中野将、ＷＴＢ桑山がケガで欠場した。代わりに中山匠（成城学園④）、中西亮太朗（早実②）、安部が先発した。それでも勝てたことは、層に厚みができてきたことを示している。

帝京戦はトライの獲られ方自体は悪くなかった。ミスを一発で持っていかれたり、インターセプトだった。たくさんのフェイズを重ねられたり、スクラムやブレイクダウンで力負けした訳ではない。ただ、前半は硬かった。まだ、本物の自信はつかんでいない。

続く23日の慶應戦も17―10（前半10―10）で勝利した。

慶應は早慶戦までに2勝3敗と負けがこんでいた。相星で並んでいる筑波には直接対決で敗れているため、大学選手権出場の4位以内に入ることは難しい。

「手負いの虎って知っているか？」

私はこういう時の慶應は目の前の勝負にかけてくることを知っていた。そこで学生には甘く見ないように言い聞かせたが、逆に意識をさせ過ぎたかもしれない。その上、天気は珍しく雨。私の記憶では雨中の早慶戦はほとんどない。展開を旨とするチームにとって、ボールがすべり、ミスが起こりやすい状況はハードだった。最終スコアの17―10になったのは後半11分。そこから約30分、最後まで加点できない。ラストプレーでは変なこともあった。タッチにボールを蹴り出したら終わりなのに、展開して逆襲された。もし、トライを許せば同点の可能性もあった。司令塔であるSO岸岡が発熱していたことを知ったのは、試合が終わってからのことである。

そして、12月1日、全勝で早明戦を迎える。

田中監督との約束を果たす。春の早明戦後やシーズン開幕前にあった対抗戦とリーグ戦の監督が一堂に会した懇親会の席などで、顔を合わせる度にこう話していた。

「全勝同士で早明戦をしよう」

私自身もよくわかっていなかったが、6戦全勝同士による早明戦は実に25年ぶりのことだった。田中監督との約束が私やチームにとってモチベーションとなり、それが実現したことは、喜ばしい。

しかし、対抗戦優勝がかかったその試合は7―36（前半7―10）で完敗。連覇できず、春の招待試合（14―29）より差をつけられてしまった。

明治とはある程度戦えるとは思っていた。前半の7―10はそんなものだろう。後半、2分と8分に武井日向《ひなた》君（HO、主将）に立て続けに2本トライを獲られたのが痛かった。10分で2つは厳しい。選手たちは明治の圧を感じていた。ラインアウトもよくなかったし、ディフェンスで前に出られない。完全に受けていた。

明治は毎年そうだが今回もタレントぞろいだった。そのタレントたちがミスをしなかった。そして仕事をする。人材だけでなくベースの部分がしっかりしていた。

ただ、負け惜しみではなく、ショックはそれほどなかった。ディフェンスなど、自分たちがやらなければいけないことをやらずして負けた。これらは修正が利くものだと考えていた。先発メンバーもベストではない。

ＦＷは横山太一（國學院久我山②）、森島、小林、三浦、下川、大﨑、幸重、丸尾。ＢＫは齋藤、岸岡、古賀、中西、長田、桑山、河瀬だった。

ペネトレーターの３人が欠けていた。ＣＴＢの中野将は10月下旬の練習で起こしたふくらはぎの肉離れが癒えず、ＦＬの昌彦は腰痛だった。丸尾も試合前日の練習で頭を打って、脳震盪《のうしんとう》気味。彼らが復帰、あるいは本調子になればチームは違ってくると思っていた。

対抗戦は６勝１敗。２位で大学選手権へ回ることになった。

敗戦後、選手たちにはこう声をかけた。

「自分たちの立ち位置がわかってよかったじゃないか。この差を埋めるのか、埋めないのか、どうするんだ？」

齋藤は悔し泣きをしていた。

（＊1）布施努
１９６３年（昭和38）7月29日生まれ。スポーツ心理学博士。東京都出身。早実、慶大では野球部に所属。住友商事に勤務時にはＭ＆Ａ（企業の合併や買収）などを担当した。退職後、アメリカに留学。ウエスタンイリノイ大、ノースカロライナ大でスポーツ心理学を学ぶ。ラグビーでは早大や桐蔭学園、早実など、野球では慶大や社会人日本代表（侍ジャパン）などをメンタル面からサポートしている。

（＊2）荒木大輔
１９６４年（昭和39）５月６日生まれ。プロ野球指導者。東京都出身。早実1年でエースとしてチームを夏の甲子園決勝（62回大会＝１９８０年）に導く。横浜に４－６で敗れるも、その端正な顔立ちから「大ちゃんフィーバー」が巻き起こる。甲子園アイドルの元祖のひとり。１９８２年、ドラフト1位でヤクルト入団。１９９６年に横浜に移籍して現役引退。西武、ヤクルトでコーチをつとめ、現在は日本ハムの二軍監督兼投手コーチ。プロ通算１８０登板で39勝49敗２セーブ。右投右打。

（＊3）ジャッカル
ボールを持ってアタックしている選手がタックルされて倒れたときに、ディフェンス側の選手がそのボールを奪うこと。難易度は高いが、攻められている場面でピンチを脱し、攻守入れ替わるきっかけとなる大きなプレー。ジャッカルが獲物を狩る姿から名前がついた。２０１９年ワールドカップで日本代表ＮＯ８の姫野和樹（トヨタ自動車）が連発したことで、同年の流行語大賞にもノミネートされるなど、一般にも知られるようになった。

（＊４）ジュニア・ジャパン

若手を主体にする次世代の日本代表。２０２０年３月にフィジーで開催された「パシフィック・チャレンジ２０２０」で３戦全勝（トンガ＝46―10、サモア＝76―３、フィジー＝21―12）し優勝する。昌彦はＮＯ８としてトンガとフィジー戦に先発。サモア戦は交替出場。ツアーでは帝京の同期の李承信《イスンシン》（ＣＴＢ）と共同主将をつとめた。早稲田から選ばれたのは昌彦とＰＲ小林、ＦＢ河瀬の３人。例年、ジュニア・ジャパンに選ばれた選手は基本的にＵ20日本代表に選出される。しかし２０２０年は新型コロナの影響で、６月からイタリアで行われる予定だったワールドラグビーＵ20チャンピオンシップは中止となった。

第11章
40日

上井草にて　2019年年末
写真：早稲田大学ラグビー蹴球部

Reborn

早明戦の敗戦は12月1日。その翌日から1月10日、大学選手権決勝の前日まで数えれば40日しかない。優勝するためには、この日数でチームを立て直さなければならない。そのため、まずはチームがひとつになるテーマを考えた。

コーチミーティングでS&Cコーチの臼井智洋からぽろっと出てきたのが、「Reborn～破壊/創造～」。早明戦の大敗から頂点を目指す早稲田にとってはいいテーマである。大学選手権で「本当は早稲田は強いんだ」という姿を見せたかった。

早明戦を映像で振り返ると、ぼーっと突っ立っている選手が多かった。「勝ちポジ」が取れていない。顎を引いて、膝を落とす姿勢が取れないなら、相手に食い込まれるのは当たり前だ。その結果として、トツもできにくくなる。こちらから仕掛ける攻撃的なディフェンスができないということは、相手のアタックの連続を意味する。

一方の明治は仕掛ける姿勢ができており、常に早稲田に対して構えていた。試合中に少しも休んではいない。私は早明戦の試合後のロッカールームでは選手たちに話した。

「今日負けたのはスタンダードの差だ」

明治はこの試合において、そのスタンダードが早稲田より高かった。

まず、できることは自分たちの意識を高めることだ。

対抗戦で勝った帝京や慶應は、この年に関しては、失礼を承知で言わせてもらえれば、勝ちポジをそこまで意識しなくても勝てた相手[*1]だったのかもしれない。

より勝ちポジをフォーカスする意味で、選手たちには言った。

「『勝ちポジ＝臨戦態勢』ということだ。構えはもちろん、心も含めて準備しないといけない」

勝ちポジはいいキーワードだと思う。うまい下手関係なく、心がけ次第で誰にでもできる。早明戦の負けは「準備ができていない」という感じを強く持った。この勝ちポジを徹底したことで、試合に出る者だけでなく、チーム全員、上から下まで一貫して大学選手権に向けた心構えができたような気がしている。

ＦＷ会

具体的な練習ではＦＷにフルコンタクトを毎日させた。自分たちの弱さに気づいてほしかったし、何よりもそこで負ければ試合に勝つのは難しい。気分転換のために取った２日オフの後から権丈が指揮を執った。ＦＷ全体に責任を持つ権丈には、春の東海戦に続く危機感がありありだった。

「ここでおまえら負けているんだよ」

ケガの心配もあるので、そんなにガチガチにはやっていない。毎日の練習終わりに15分ほど。生タックルありの3対3。半分、「しぼり」のような「権丈タイム」になった。きついだろうし、嫌だっただろう。しかし、やらないと日本一にはなれない。選手たちはおろか権丈までもが泣きながらやっていた記憶がある。

その週の日曜日には「ＦＷ会」を開いた。

趣旨は「ＦＷもう一回頑張ろう」。この会は早明戦の前から、権丈と２人で計画していた。早明戦の勝ち負けにかかわらず、その後には大学選手権が始まる。仕切り直し、という意味合いもあったし、決起集会の感じもあった。選手権を獲るには、ＦＷが勝ってもらわないといけない。日本一にはなれない。

その費用は私のポケットマネーから出した。ＡとＢチーム、それに４年生ら30人ほどが集まる。こういう特定のメンバーによる会は就任２年目で初めてだった。齋藤も「僕も参加していいですか」と尋ねてきた。キャプテンなので許可する。大人は私と権丈の２人のみ。学生が見つけてきた上石神井の居酒屋で席を無理矢理くっつけて、食べて、飲んで、侃々諤々《かんかんがくがく》。ＦＷに勝ってもらうために企画した会だが、学生たちの笑顔を見ているとやってよかったなあと思った。

腹を割って話せるか

ＦＷだけでなく、チーム全体としての一体感がさらに増したのもこの時期だった。

この年の４年生は齋藤、岸岡、中野将らタレントが多かった。その分、同期同士に遠慮があった。よく言えばリスペクトだが、悪く言えば本音が出せない。それは、単純なミスを指摘する勇気の欠如、さらにその指摘を受け入れるだけの度量のなさを示していた。学生が相互に意見を言い合い、最良を探す姿勢がなければ、チームは健全に成長していかない。

殻を破らねばならない。これこそ、テーマ「破壊」に込めた意味だ。早明戦の敗戦は我々にそう教えてくれた。

ＳＯの岸岡がいる。彼は60メートル級のキックを誇り、前もよく見え、両サイドへのロングパスも正確。早稲田の「司令塔」にふさわしい選手だ。卒業後はクボタに入ることが決まっていた。

ただ、そういう攻撃的なＳＯにありがちなタックルが苦手という部分を持っていた。行けるタイミングなのに行かない時がある。ふりをしている時は見ていてわかる。早明戦で点差をつけられた後半の武井君のトライでも、岸岡が本気で体を当てていたら、どうなっていたかわからない。ラグビーはうまいし、頭はいいから、その辺の部員の意見は論破してしまう。彼は間違ってはいない。でも、完璧ではない。

早明戦の後、コーチたちで話をした。「岸岡に齋藤や幸重はまだまだ遠慮している」という意見が多かった。彼らが高３の時の全国大会*2の力関係にも遠因があるのかもしれない。特に権丈はそれを強く思っていた。２００７年度、権丈は主将として五郎丸歩（FB、日本代表キャップ57、ヤマハ発動機、佐賀工出身）や畠山健介（PR、日本代表キャップ78、サントリー→ニューイングランド・フリージャックス、仙台育英出身）ら個性のある同期たちをまとめ、学生日本一を勝ち取った。権丈は春先から寮の齋藤の部屋を訪れて、キャプテンの心得などを含めて、1対1で話をしていた。早明戦に負けた後も、齋藤の部屋で対話を重ねている。権丈は学生たちに言った。

「遠慮があったら絶対に勝てない。自分の気持ちを伝えないと後悔する」

権丈が言うのはもっともだった。私自身も自分の最終学年の風景が重なっていた。選手権の準決勝で大東文化に敗れたが、あの1年、同期ともっと腹を割って話をして、任せられるところは任せたらよかった。そうすれば、優勝できていたのではないか。後悔は30年近く経ったいまでも残る。その気持ちを権丈が代弁してくれる。

委員を含むリーダー、4年生が集まり、そこに布施さんと権丈が加わって、話し合いが持たれた。２人が出てくれたので、私は参加しなかった。

「腹を割って話をするように。まっ、いいか、はよくない」

そう話しておいた。岸岡のケースに限らず、下が上にものを言えない環境はよくない。

クラブを活性化し、よりよいものにするためには下級生も声を出していい。たとえば「勝ちポジ」や「トツ」は誰にでもできる。学年や所属するグレードの上下に関係なく、できなければ指摘し合う。気づいたら言える環境は大切だ。全体ミーティングで「ものが言えなくなる状況はなくそう」と話をしていた。これも「早稲田クォリティー」追求のひとつである。

クラブには風通しのよさが必要だ。それは私が学院で、そして早稲田で経験したことでもある。

私は岸岡をすしに誘った。ここは2人で話をしないといけないと思った。

「おまえにはみんなものを言いづらい。それは感じているだろう」

岸岡はうなずいた。

「そういう風に行動しているつもりはないんですけど、思います」

そこで私は言葉を重ねた。

「だったら、言ってこないのが悪い、というのは違うと思う。周囲がやりやすいようにするのもリーダーとして大切なことなんじゃないのかな」

岸岡も理解してくれた。そして、みんなの考えを受け入れる。明治に大敗したことで、選手同士が腹を割って話ができるようになった。いままで1だったのが、10とはいかなくとも、5くらいは言えるようになった。学生同士の距離は前より縮まる。彼らは初めて本当の仲間になれたような気がしている。

アタックにも力を入れる

早稲田にとっての大学選手権（56回）は12月21日に始まった。

対抗戦のリベンジもかかる大会はシード校のため準々決勝スタート。花園ラグビー場での対戦相手は日大だった。前週、京都産業を24―19で降している。この相手に早稲田は8トライを挙げ、57―14（前半24―7）と快勝する。

前週はフルコンタクトの試合形式練習をやった。フィットネスも強度を上げる。早明戦は特にコンタクトの部分で負けていた。その修正もあったし、期間が20日ほど空いたことによる選手たちの試合勘を取り戻す意味もある。学生たちは試合後の取材に、「あの1週間は疲れた」と話したようだった。

この選手権が始まる前に選手たちには言った。

「攻めるマインドを持とう」

この2年はディフェンスを固めてきたが、選手権に来て、ディフェンス、ディフェンスでは頂点に立てない。40日前の早明戦は別にして、それなりにチームとしての守りはできあがっていた。次はアタックの番だった。

コーチ陣がこれまでの試合を見直して、大外のスペースをうまく使い切れていない、という結論に達した。

特にそのことを夏くらいから言っていたのは、今年からコーチ陣に加わった後藤だった。彼の試合の分析は細かく、独特の視点を持っている。以前はJスポーツのラグビー中継で解説をしていたが、非常にマニアックな話が多かった。別の見方をすれば、人とは違うところを見ている、ということである。チームを強くするには、後藤の視点や他のコーチの気づきをコーチ間で共有し、目的のためにそこからよりよいものを見いだしていくことこそが非常に重要である。

戦い方も、秋のシーズン開幕からエリア獲りを考え、キック主体できたが、そろそろ変えてもいい頃だった。学生たちからも同じような意見が出てくる。

早稲田には両ＷＴＢの古賀、桑山、ＦＢに河瀬と外側にいいランナーがいる。エッジ（大外）にボールを運んでおいて、内に切れ込んでポイントを作ればよいのに、その一歩手前でポイントを作っていた。エッジまでボールを回せば、彼らならトライに変える能力も持っている。

それを証明してくれたのがこの日の前半13分のトライだった。キックを警戒して後ろに下がったディフェンス隊形を見て、早稲田は自陣ゴール前から左のエッジに展開。河瀬から古賀にボールが渡り、約１００メートルを走り切る。

テーマ通り、自陣からでもボールを大きく動かしてくれた。もしディフェンスがランを警戒して上がってくれれば、後ろに岸岡のロングキックを放り込めばいい。上がれば蹴り、下がれば回す。この表裏が使える上、元々走力のあるバックスリー（ＷＴＢ、ＦＢ）は対戦相手の脅威になる。強みを示せた。

毎年のことだが、早明戦の後はチーム作りが難しい。ピークを作り上げた後、また３週間ほど空いて選手権が始まる。例年なら、初戦はかちっとした試合にならないことが多いが、今年は締まったものになった。明治に負けて、問題意識を抱えながら、成長しようとしている。それがいい。早明戦に勝って選手権なら、同じようにはならない。

準備がはまった準決勝

準決勝は1月2日。前年の春からお手本とした関西の雄・天理と公式戦で対戦した。52—14（前半21—7）。8トライを奪い、2年間の成長を実感する。自信を持って6年ぶりの決勝戦進出を決めた。

天理戦はいい準備ができた。特にセットプレーがよかった。

スクラムは低く、まとまっていた。後半8分のスクラムは押し込んで相手のノックオンを誘った。天理にはFWに2人の外国人留学生が入っていたため、体重は重かった。スクラムコーチの友重は当たって組んでから「ぐっと」と押し込むセカンド・エフォートをFWに要求していたが、それもうまくいった感じだ。FWは「スクラムで勝つ」と言っていたが、現実には押されるかもしれない。その時のためにダイレクトフッキングがある。押されることを前提にした準備ではないが、その技術があることはチームとして心強かった。

天理のスクラムコーチの岡田明久《おかだあきひさ》さん*3は友重の先輩にあたる（ワールド所属時）。この試合のスクラムの感想を人づてに聞いた。

「天理は自分たちで勝手に焦ってやられてしもた。ウチの選手が『早稲田は押す方向を変えてきて戸惑った』と話したと聞いたが、そう思っただけや。相手が押す方向を変えたのではなく、自らが変えてしまってん。早稲田は低く、まとまって組んどった。前半、辛抱していると後半、穴があく。そのできた隙間に入ってこられたということや。早稲田も結局、数を組んでんのよ。あの試合を見て思った。スクラムで勝とうと思ったら、数を組んで、低くなって、固まる、や。早稲田はとりあえず低く組む。友重が教えたこともあるんやろけど、学生自身がその大切さを痛感しているんやろな。数を組むような単調で面白くもない、しんどい練習をやらんと勝てん、ということが早稲田の学生らは身についている。ほんで、それを継続できることこそが強みなんやな。それが早稲田の伝統というもんやろ」

7月、暑い中でスクラムに特化し、それ以後も組み続けた練習の成果は正月に出る。

ラインアウトはそれまでの試合を分析し、Bチームが「仮想・天理」となった。この1週間、そのサインを出してくれる。予想した通りの動きだった。ムーブ（ラインアウトで並んだ選手が前後に移動して、相手を攪乱《かくらん》させてマイボールを捕球する動き）に関しては「Bのほうが速くてうまかった」と選手たちは言った。後半5分、天理は正面のPKで、3点を狙うショット（PG）を選択せず、ラインアウトからのトライで7点を狙ってきた。この相手ボールをLO三浦が奪う。この時のスコアは21―7。ボールを確保され、モールを押し切られれば、1トライ1ゴールの7点差に迫られる可能性があった。そこを切り抜けられた。Bチームのおかげである。

BKでは中野将が10月に受傷したふくらはぎの肉離れから復活した。CTBとしてトライにつなげるオフロード[*4]を2本見せる。前半19分、2人を自分に当たらせておいてのパスからFB河瀬を走らせた。前半24分にはタックラーの背中越しにWTB古賀にボールをつないだ。186センチ、98キロとCTBでは抜けたサイズの中野将がいればオプションがぐっと増える。最後の2試合で戻って来てくれたのは頼もしかった。

永遠のライバル

早稲田は準決勝の1試合目だった。2試合目は明治。東海と戦う。私は試合後、スタンド下で田中監督とすれ違った。その時、うれしさのあまり握手をしてしまった。自然と出た。明治は戦前だったので、すぐに、「しまった」と思った。私の中では早稲田が勝ったので、決勝は早明決戦になる、初の新国立でお客さんも満員になるだろうな、と勝手に思い込んでいた。明治が勝ったつもりでいたのだ。そんな勘違いを気にすることなく、田中監督は普通に握手を受けてくれた。

スポーツライターの直江光信さんは『FRIDAYデジタル』（講談社）にその出来事を書いてくれ、田中監督のコメントが載った。

〈その時、相良さんが『待っているぞ』という目をされていた。言葉はかわしませんでしたが、そういう思いは、お互いあると思います〉

明治とはこの準決勝の前、12月26日にも練習試合をやった。選手権に絡まないB以下のメンバーで戦った。田中監督から、「上井草に行きます。試合をしてもらえませんか」と電話が入った。明治のB以下のメンバーにとっては最後の対外試合のようだった。その相手に早稲田を選んでもらえたのは光栄だった。慶應と並ぶ永遠のライバルながら、その切磋琢磨の中から生まれる友情を感じる。去年もその話があったが、実現しなかった。準決勝で当たることがわかっていたので、コーチたちが後ろ向きだった。この年はともにシード。決勝まで当たらない。なんの気兼ねもなかった。スコアは26―31で敗れたが、B以下の選手たちは、いい試合相手に恵まれたと思う。

その明治は東海を29―10で降した。決勝の相手は決まった。握手の通りになった。早稲田は天理にいい形で勝てた。チームの心理状態はよくなった。前の自信が戻ってきていた。

(＊1) 帝京と慶應の2019年

帝京は対抗戦で筑波と4勝3敗で並ぶ。直接対決を24―22で制していたため、明治、早稲田に次ぐ3位で大学選手権に出場。初戦で関東リーグ戦3位の流通経済に39―43で敗れた。9連覇の後は4強、そして3回戦敗退。一方、慶應は帝京には29―24で勝利したものの、日本体育に27―30で敗れ、3勝4敗。日本体育と並んだが、直接対決の結果から6位扱いになった。大学選手権出場を1997年度の34回大会以来22年ぶりに逃す。

（＊2）第95回全国高校大会
　2015年度に開催。優勝は岸岡をSOに擁した東海大仰星。決勝でSH齋藤、FL柴田のいた桐蔭学園を37―31で降した。高校時代はBKリーダーだった岸岡は、主将だった齋藤に勝っている。東海大仰星は4回目の優勝。相良監督の長男・隆太は桐蔭学園の2年生HO。リザーブだった。

（＊3）岡田明久
　1962年（昭和37）5月13日生まれ。スクラムコーチ。大阪府出身。現役時代のポジションはPR。天理から明大に進む。相良監督の就任に尽力した籾山裕とは明大の同期。卒業後、関西の社会人強豪に成長するワールドに入社。現役引退後、家業の不動産会社を引き継ぎながら、スクラムコーチになる。大阪産業大を経て、2007年から天理大を指導。高校同期の小松節夫監督を助ける。天理大の関西リーグ優勝11回のうち、小松がなし得た7回すべてに関わった。2019年ワールドカップに日本代表として出場したPR木津悠輔（トヨタ自動車）は教え子のひとり。愛称は「アキ」。

（＊4）オフロード
　タックルを受けながら、もしくは入れさせておいてパスをつなぐこと。成功すればゲインラインを突破できるが、身体の強さ、パスの技術、味方の的確なサポートも必要で、ボールを失う可能性も高いことから、日本では禁止するチームも多かった。2019年ワールドカップでの日本代表は、このオフロードを連発して快進撃につなげた。

第12章
優勝

大学選手権決勝・明治戦　2020年１月11日
明治のキーマン箸本龍雅選手をダブルタックルで止める
早稲田メンバー、左：久保優、右：相良昌彦
写真：谷本結利

「緊張」

早明決戦。初の新国立。舞台は整った。

早稲田は明治に対抗戦の借りを返すことが優勝になる。決勝進出は6年ぶりだった。早明による頂上対決は実に23年ぶり。いまの学生が生まれる前である。

グラウンドの入り口には「緊張」、ウエイトルームなどが入るプレハブ前には「明治」と墨痕鮮やかな2枚の大書が掲げられた。「選手権優勝」ではなく、「明治」と書かれたのが、私たちのライバルに対する気持ちを物語っていた。

私の現役時代も「緊張」は早慶戦や早明戦前になると寮の玄関などに貼り出された。大一番に向け、みなピリピリしだす。特定の試合にかける、張り詰めた糸に部内がくるまれる。「緊張」は早稲田にとって特別な言葉ではない。「試合を想定して集中しろ」という意味だと私は理解している。練習は試合のための準備であるから、そのために日ごろから集中しておく。まさに、宿澤さんが私たちの現役時代に教えてくれた「すべては東伏見にあり」である。ただ、やはり視界に入る効果は大きい。普段にも増して身が引き締まる。

いまの学生は尋ねてくる。

「『緊張』を貼りますか、どうしますか」

私は答える。

「貼りたければ貼る。形式的ならやめる」

そういう気持ちになっていないのに貼っても無意味だ。伝統は守らないといけないが、わからないままやっても意味がない。

今回は学生たちが自分たちで用意をした。


前日練習の最後には、細長いタックルバッグを5本用意させ、それぞれに紫紺のジャージーを着させた。メンバーが渾身の力でタックルに入り、それを吹き飛ばす。

翌日の先発は、背番号順に行けばFWは久保、森島、小林、三浦、下川、相良、幸重、丸尾。BKが齋藤、岸岡、古賀、中野将、長田、桑山、河瀬。前回の天理戦から変更はない。ベストメンバーだった。

リザーブ8人は宮武海人（早大学院②）、横山、阿部対我（早実②）、中山、大﨑、小西泰聖（桐蔭学園①）、吉村紘（東福岡①）、梅津と並べた。

試合直前のロッカールームで、私はメンバーたちに最後の檄《げき》を飛ばした。

「俺たちはどんな試合でも、自分たちのやってきたことにフォーカスして、やり切ろうと言って試合に臨んできた。そして成長してきた。でも、それをやり切れなかった1ヵ月前の早明戦。今日は自分たちのやってきたこと、早稲田クォリティーをやり切ろう。FW、セットでボールを獲って、近場でバトルをしてこい。BKはタックルをして、FWが獲ったボールを仕留めてこい。攻めて、攻めて、攻めていこう。全員で闘え！」

結実

1月11日、午後2時30分、早稲田のキックオフで試合が始まった。

前半9分、先制する。SHの齋藤が左中間30メートルほどのPGを成功させた。流れに乗る。

ここで手堅く3点をとるか、タッチに蹴り出して、ラインアウトから勢いをつけてトライとゴールキックの7点を狙うかは難しい選択である。齋藤やSO岸岡のリーダー陣はシヨットを選んだ。私は風が強かったり、太陽光がまぶしかったりすれば、試合の前に指示を出すこともあるが、基本的には選手たちに任せている。結果的にあの3点が効いた。早稲田は一番詰まった時でも10点のリードを保てた。明治は最大加点の7では追いつけない。よく冷静にＰＧを選び、成功させてくれたと思っている。

12分にはラインアウトからＦＬの昌彦が縦に入りポイント。すぐに展開してＮＯ８丸尾がインゴールに飛び込む。２フェイズでトライに仕上げた。

昨年の選手権では準決勝で同じ明治に負けた。その時、40のフェイズ、時間にすれば約6分間、攻め続けたが、峨家のケガもあってトライラインを越えられなかった。その時の反省から、セットプレーから少ないフェイズで得点にできる形を模索する。それがはまった。この時は左から右に攻撃方向を変える。最初に右のＷＴＢ桑山をラインに入れ、左への意識をつけさせておいて、ＣＴＢ中野将は逆に走る。ボールは丸尾につながった。明治は反応できなかった。

26分にはラインアウトを起点に、ＣＴＢ長田がボールをもらう前に内に切れ込み、明治のディフェンスラインの間を抜く。動き出しの段階でのアングルチェンジ。バッキングアップに来る守備者2人をかわし、40メートルを走り切る。このボールをもらう前に動き、相手を攪乱することこそ、私が現役だった頃の「早稲田スタンダード」のひとつだった。

春、ヘッドコーチになった武川がBKのユニット練習でこのラインの切り方を繰り返しさせていた。武川は現役時代、下級生の時は日比野さん、3年次は益子俊志さん（1982年度卒、主将、NO8、日立一出身）、4年次には清宮さんとその時の監督に早稲田スタンダードを叩き込まれた。清宮さんは短時間で集中してやる指導だったが、武川は3年生までは一日4～5時間を費やす、昔の早稲田の練習をこなしていた。もちろん、「ポジ練」の経験者である。その中で、苦労してつかんだものを次の世代につなぐ。そして、それが大一番で出る。武川だけではない。私にとっても感慨深い光景だった。

OBたちの間で、「誰があの動きを教えたんだ?」とメールやLINEが飛び交ったと聞いたが、この2年間、私たちが取り組んできたことが形になったひとつの瞬間だった。

前半3本目のトライは34分、モールを5メートルほど押し込んだ。昔から「重戦車」と形容される明治のお株を奪う。最後はWTB古賀、中野将と長田の両CTB、齋藤も加わって、一気に行った。起点はPKからタッチに蹴り出してのラインアウト。私はショットで3点でもいいと思った。明治にはラインアウトのスペシャリスト、片倉康瑛《やすあき》君（LO）がいる。彼は身体能力が高く、ボール投入位置の読みも正確だ。弾かれたり、スチールされたりする嫌な光景が頭を横切った。しかし、選手たちは片倉君の立つ前を外して、丸尾を後ろで飛ばして捕球させた。ラインアウトを確保してのモールでトライを獲り切れたのは、明治に力勝負でも負けない印象を持たせ、ダメージを与えたものと思っている。

ラインアウトの中心になったのは2人の4年生である。

ボールを投げ入れるスローワー役のHO森島大智であり、主にキャッチャー（捕球者）になるLO三浦駿平だった。

森島は3年生までフィットネスがなく、コンタクトも弱かった。最初、勝ちポジができなかった。しんどくなったらすぐ腰に手を当てる。その上、同じポジションに宮里と峨家、さらには鷲野孝成（桐蔭学園）と3人の4年生がいたこともあって、土俵にすら上がれなかった。HOは、宮里と峨家、鷲野が抜ければ、どうなってしまうのかと心配したポジションでもあった。そのため、私の2年目にはFLだった原朋輝（桐蔭学園②）をコンバートしたりして、その穴を埋めようとした。

森島には奮起を促す意味でよく言った。

「おやじのＤＮＡがないなあ」

２学年上の森島さんは運動量が豊富で、スクラムも強く、学生屈指のＨＯだった。後藤監督の下で一緒にコーチを経験したこともある。その父親と比較されたことや最終学年ということもあって、この年は目の色を変えてやっていた。

森島さんは丸紅に勤めているが、時間があれば練習もよく見に来ていた。「スクラムどうよ？」と聞かれる度に、「大智がね、もっと頑張ってくれれば……」と口を突きそうになったことが何度もある。父子でレギュラーを獲るために、どうすればよいか相当話し合いをしたようだ。私は先輩の息子だということで、特別に目をかけたことはない。彼自身がこの1年間、必死に頑張った結果が、正位置確保につながった。この決勝戦ではモールトライのための正確なスローイングを見せた。タックルの精度も高く、何より後半６分、明治ボールのスクラムをターンオーバーし、古賀のトライのきっかけを作る。

森島同様、三浦の父・弘樹とも旧知の間柄だった。私の代における法政の主将であり、速さと強さを持ったNO８だった。４年生の交流戦では21―12でなんとか勝った。試合終了直前まで９―12。最後に２トライを連取して、大学選手権に進めた。その年の夏合宿でやった練習試合は前半に５本ほどトライを奪われた。めったに怒らない監督のゴチさんが「おまえらしぼるぞ」とキレかけた思い出がある。法政は苦手だった。それだけに、当時のメンバーにはいまでもリスペクトがある。三浦の父からは三浦が早稲田に入る前にも後にも「よろしく頼む」との連絡があった。

そんな父を持ちながら、三浦は同じような泥臭いプレーが苦手だった。３年の時に同じポジションの中山に後れをとったのも、首脳陣からの信頼がなかったこともあった。対抗戦の早明戦でのタックル回数は19。でも成功率は約６割と低かった。

「明治は僕のところにめちゃくちゃ来るんですすよ」

彼は狙われていることがわかっていなかった。

「ちゃんとやらなきゃな。早明戦はおまえのタックルミスが多くて負けたんだよ」

三浦はそれが相当悔しかったようで、40日間、必死で体を当てる。

主将の齋藤も後日、三浦のことを「すごい努力家で、休息の間も勝ちポジの姿勢を意識していたり、全体練習が終わった後もタックル練習をしていたり」とメディアに語っている。

　この決勝戦の前日、グラウンドで全部員が組んだ円陣の中で決意表明をする。

「相良さんに、早明戦はおまえのタックルミスが多くて負けた、と言われました。とても悔しかったです。明日は全部止めます。体を張り続けます」

　決勝戦はタックルミスがほとんどなかった。

　藤島大《ふじしまだい》さん[*1]は『ラグビーマガジン』（２０２０年3月号）に「記憶される荒ぶる。」というメイン原稿を書き、その締めくくりに２人を登場させている。

〈早稲田の隠れたヒーローは、２番の森島大智と４番の三浦駿平、12月の黒星でやや精彩を欠いた両者のひたむきな奮起は、この午後の結果を象徴していた〉

　２人にとっては、宝物のような一文であろう。私の中でもＭＶＰである。森島も三浦もよくやってくれた。


　前半は４トライを奪い、31―０と大差をつけて終わった。

　齋藤は４ゴール、１ＰＧすべてを決めてくれた。後半も２ゴールを成功させ、この日はパーフェクト。加点に関しても齋藤の存在は大きい。

ハンドリングエラーはほとんどない。反則も前半は0（後半は4）だった。こんな前半はもう一度やってくれ、といってもできない。自分たちの持っている力を100パーセント出せた。2トライを先に獲れれば、と考えていたが、予想外のうれしい展開。選手権では勝ち抜くためにアタックを軸にしてきた。自分たちの強みを出して、その時間を長くしていけば、相手の強みが消えることを選手たちがこの決勝戦でも実践してくれた。

ハーフタイムはこう指示を出した。

「31点のことは忘れて、攻めろ。あと40分、戦い抜こう。明治はこんなもんじゃない。開き直ってくると怖い」

後半は3連続を含む5トライを許したが、私としてはバタバタした印象はなかった。明治の力を考えればこれくらいはやる。ただ、29分で4トライと獲られる時間が少し早い気はした。

38―28と10点差に迫られて残り10分を迎えた。ここで試合続行中にケガ人が連続する。最初に幸重が脳震盪になり、すぐに小林の足がつった。早稲田はアタックを継続していたが、1年前の選手権の記憶が甦る。40フェイズを重ねてトライを挙げられなかった相手は同じ明治。私の右隣で見ていた武川は言った。

「1年前と同じになりますよ」

幸い、駆け寄ったメディカルトレーナーの水野勇が冷静だった。幸重をグラウンドに寝かせた。それに気づいたレフェリーの久保《くぼ》修平《しゅうへい》さんが＊2「頭の負傷」ということで試合を止める。15フェイズ目。幸重は大﨑と、小林は阿部とそれぞれ交替させた。

再開は早稲田ボールのスクラム。伝統のダイレクトフッキングから丸尾、そして桑山とボールは渡り、ダメ押しのトライを挙げる。

早明決戦は最終的に45—35で早稲田が制した。何もできなかった対抗戦の7—36の完敗から、40日で結果を真逆にさせることができた。

2年間で学生、関係者、OB、そしてファンが望む早稲田の復活を果たすことができた。僭越ではあるけれど、自分はいい運を持たせてもらっている、と思っている。これまでの人生で特別な努力をしたと胸を張って言えることはひとつもないが、不思議といい巡り合わせになっている。学院で大西先生や伴先生、竹内監督らに出会え、花園に行けた。

大学2年でレギュラーになって、選手権で優勝できた。社会人では東日本リーグにも、トップリーグにも上がれた。サンケイスポーツによれば、親子2代、そして監督と選手での選手権優勝は早稲田史上で初めてのことだそうだ。記事を書いてくれたのは私を学生時代から取材してくれている田中浩さんだった。親子2代でお世話になる。田中さんは学院ラグビー部の先輩でもある。

今日の試合も、終了直後には「10回に一回勝てるかどうか」とメディアのみなさんの前で話した。後で、この発言は努力してきた学生に失礼だろうと気づく。ただ、5回に一回勝てるかどうかの勝負、というのは間違っていないだろう。私はついている。

明治に慢心はなかった。ただ、連覇が目の前にあった。雑音、雑念はあったと思う。こちらは40日前に大敗しているから、ただただチャレンジするのみだった。

田中監督のインタビューが『ラグビーマガジン』（2020年3月号）に載っている。

〈これまでは、負けた試合について要因をフィードバックして強化をして成長してこられた。けれど、試合の中では修正はできていなかった。決勝で何が起きたかというと、まず早明戦では勝っている。決勝の早稲田はケガから復帰した中野将伍が入ることでアタックが変わっていた。一人ひとりのアングルのチェンジも加わって、試合中にそれに対応、修正することはできなかった。年に何回かのそういうゲームが決勝にきてしまった〉

片倉君のインタビューもあった。

〈今でもどうしてあんなに取られたのか、不思議な感覚があります。とにかく残っている印象は、アタックでゲインできないなと。何度持ち込んでも前に出られない。それでキックを上げると、河瀬選手らにカウンターで走られて食い込まれる。中盤がなくなって、相手のチャンスが続く感じでした。そして、ブレイクダウンは12月の早明戦と様相が違っていました。これは早稲田の、相良さん（監督）の戦略だと思うのですが、かなり（人数を）かけてきていたので。こちらもそれに対応しようと人をかけて、フィールドに立っている人間が少なくなっていたかもしれません〉

事実、私はブレイクダウンに人数をかけさせた。個々のコンタクトで負けている上に、人数をかけないとボールを継続される。それは対抗戦の早明戦の反省から出てきたことだった。

【決勝戦得点経過】

前半9分　早　齋藤がＰＧを決める。3―0
12分　早　丸尾がトライ。齋藤のＧ成功。10―0
26分　早　長田がトライ。齋藤のＧ成功。17―0
34分　早　モールを押し込み森島がトライ。齋藤のＧ成功。24―0
39分　早　相良がトライ。齋藤のＧ成功。31―0
後半3分　明　ＷＴＢ山村がトライ。ＳＯ山沢のＧ成功。0―7（31―7）
10分　早　古賀がトライ。齋藤のＧ成功。7―7（38―7）
16分　明　ＬＯ箸本がトライ。山沢のＧ成功。7―14（38―14）
21分　明　山沢がトライ。山沢のＧ成功。7―21（38―21）
29分　明　ＷＴＢ山﨑がトライ。山沢のＧ成功。7―28（38―28）
34分　早　桑山がトライ。齋藤のＧ成功。14―28（45―28）
40分　明　ＦＢ雲山がトライ。山沢のＧ成功。14―35（45―35）

（＊1）藤島大

1961年（昭和36）1月25日生まれ。スポーツライター。東京都出身。ラグビーライティングでは日本の第一人者。都立秋川（現在は閉校）でラグビーを始め、早大に進む。現役時代はFB。1982年度卒。スポーツニッポンで記者を経験した後、フリーランスになる。『知と熱　日本ラグビーの変革者・大西鐵之祐』（文藝春秋）でミズノスポーツライター賞を受賞。週刊現代、ラグビーマガジンなどのコラムでも知られる。近著に『ラグビーって、いいもんだね。2015─2019ラグビーW杯日本大会』（鉄筆文庫）がある。スポーツ専用チャンネル『Jスポーツ』のラグビー解説でもおなじみ。父と弟も早大ラグビー部OB。父・勇一（1956年度卒、主将、CTB／FB、修猷館出身）は共同通信で記者をしながら、67年には監督（第16代）をつとめた。弟・暖（1987年度卒、FB、都立秋川出身）は5学年下になる。

（＊2）久保修平

1981年（昭和56）6月9日生まれ。日本のトップレフェリー。福岡県出身。筑紫高でラグビーを始める。川崎医療福祉大に進み、在学中にレフェリーを志す。現役時代のポジションはSH。2019年度の最上のA級レフェリー5人のうち、唯一のプロ。日本ラグビー協会と契約している。2019年ワールドカップでは日本人としてただひとり、アシスタントレフェリーに選ばれた。愛称は「クボシュー」。

終章　明日へ

成功も失敗も糧になる

役目は果たした。

みんなで『荒ぶる』の合唱ができたのは何よりだった。

思い返すと4回歌った。選手権の優勝直後、その日にあった都内ホテルでの祝勝会、丸茂の前、そして1月25日に上井草であったパレードの時である。

亡くなった丸茂には1月14日、全部員で報告をした。上井草のクラブハウスの2階には丸茂の写真2枚が飾られている。その前で『荒ぶる』を歌った。そこは、ミーティングなどをするオープンスペースであり、獲得したトロフィーが置かれていたり、著名なＯＢたちの写真が貼られたりしている。

丸茂のご家族は帝京戦から、花園での日大戦を除き、すべてのAチームの公式戦にスタンドまで足を運び、応援してくれた。丸茂にいい報告ができ、お兄さんとの約束も果たせて、本当によかった。


私はデジタルメディアの『4years.』（朝日新聞）のインタビューでその喜びを振り返っている。

〈就任してから選手を大事にしてきたつもりですし、怠けてたり、一生懸命やってなかったりした選手を正すことは、一貫してできたかなと思います。レギュラーではない選手も、目標を持って一生懸命やってくれてます。そういう（環境は）いいな、よかったなと思います。プロ集団ではないし、成功も失敗も糧《かて》になります。成功してる人の方が少ないし、大学で人生は終わりではない。そのあとの人生の方が長いので〉

私はチームを多少よくした思いはある。悪い状態ではなくなった。でも、それは私の功績ではない。コーチみんながコミットしてくれ、学生たちが自ら変化して、主体性を持ってくれた結果である。学生たちの尻を叩いてやらせたのであれば、私の力かもしれないが、そうではない。

1月11日、決勝戦後の夜には、都内のホテルで祝勝会があった。そこには私の1つ上のキャプテンだった堀越さんの姿もあった。私が3年の時の大学選手権では決勝で明治に13—16で敗れていた。私は堀越さんに声をかける。

「先輩の借りを返しましたよ」

堀越さんは大粒の涙を浮かべた。

「ありがとう。ありがとう」

私は胸を打たれる。ＯＢのためにも、勝ってよかったな、と思った。

5月7日には2019年度のジャパンラグビーコーチングアワード*1の最優秀賞を受賞したという発表があった。私は主催者である日本ラグビー協会のホームページを通して同じような内容の喜びを伝えた。

〈コーチ陣及びチームスタッフ、ＯＢ会、大学関係者が、同じ目標に向かってベクトルを合わせ、それぞれの持ち場立場で力と知恵を出しあった結果だと思っております。そして

何より、日々努力を重ね最後まで諦めずに戦い続けた学生たちには感謝しかありません〉

周囲、そして選手への感謝はどこまでいっても変わらない。

この表彰制度の優秀賞は桐蔭学園の藤原秀之《ふじわらひでゆき》先生[*2]だった。先生はこの年度の高校全国大会でチームを2回目、単独では初めてとなる優勝に導いた。伯父・晴彦のことや長男・隆太がお世話になったこともあり、私は先生に申し訳ない気持ちでいっぱいだった。先生は高校で30年も指導をしてきた。かたや私はわずか2年。本当にこんな賞をもらっていいのか、という思いがあった。どれだけ私が早稲田で実績を残しても、地道に現場指導をしてきている先生方にはかなわない。

この2年で早稲田としてのクォリティーは戻りつつある。トツだとか、バッキングアップだとか、サポートとか。昔あった文化の再構築ができだしている。日本一は奪還した。私との2年を過ごした3年生以下は残る。まずはそのクォリティーを下げないで、さらに積み上げていく。いい循環にしていきたい。

私は監督を続けることになった。3年目に入る。契約は1年ごと。OB会と大学には結果を認めてもらえ、更新をしてもらえた。

ただ、私はよいが、監督の契約期間に関しては今後この任に就く人のためにも2〜3年の複数年に変えないとしんどいと思う。そうでないと、出向の形をとってもらう企業からの協力を仰ぎにくい。複数年あれば、そこで前任と新任をラップさせておいて、スムーズな監督交代にも導ける。落ち着いた指導のためにも必要なことではないだろうか。

大学チームは4年生が卒業し、毎年メンバーが変わる。当然ながら戦力も上下する。ある程度の一貫性がないと、教えてゆくのは難しい。そのことは、早稲田のラグビー部長とOB会には伝えてある。

優勝メンバーからは7人が卒業で抜けた。人数的には多くも少なくもない。普通だと思う。ただ、齋藤、中野将、岸岡、桑山らアタックの軸がいなくなった。どうやって新しいキャラクター作りをしていくか、選手たちを成長させるか……。私も監督として新しいチャレンジをしなければならない。やはり、ディフェンスをきちっとする、というところがベースになると思う。去年は去年。今年は今年。大切な一年になってくる。

勝ち続けることの難しさを感じながら

2020年のリーダーは決まった。

キャプテンは丸尾になった。今回は卒業していく4年生と3年生の学年ごとに選ばせ、それを参考に最終的には私が決めた。齋藤の代は丸尾と下川が半々。下川の票のほうが少し多かった。3年生は丸尾で一致していた。

丸尾は早実出身で早稲田愛が強い。勝つことしか見ていない。プレーももちろんだが、主将就任後に「燃え尽きる」と言ったように言葉で引っ張っていける強みもある。ただ、その思いが強過ぎて、時折、激しい言動になることもあった。それは暴走だとか、チームの分裂を暗示させることにもつながりかねない。下川は温和で人間的なバランスが取れており、みんなの意見をうまくまとめられる調整力が魅力だった。

ただ、昨年度、チーム内には「遠慮」が生じ、一丸になるのが12月まで遅れたことを考えれば、強いメッセージを放てる人間が必要ではないか、と私は考えた。もう一回、選手権で勝つには、守りに入って縮こまらず、新しいもの、「創造」をしていく力とマインドが必要だ。そのためのキャプテンには丸尾がよりふさわしいと思った。

下川は副将として、丸尾の補佐をする。もうひとりの副将には南を指名した。委員は4人。4年生は髙木樹《いつき》（CTB、早稲田摂陵）ひとり。3年生は小林、長田、そして河村謙尚（SH、常翔学園）になった。主務は亀井、副務は森谷隆斗（SH、早大学院③）寮長には久保がついた。

昨年、私を支えてくれたコーチ陣も引き続き一緒に働いてくれる。

チームスローガンは「BATTLE」に決まった。相手と闘うことはもちろん、仲間と、自分自身と、早稲田ラグビーの関係者すべてがひとつになって「闘う」ことからとった。

明治の田中監督は連覇がならなかったことを『ラグビーマガジン』（2020年3月号）のインタビューで話している。

〈うまくいっている時は変えづらい。「相手がこんなことをしてくるかもしれない、あんなことをしてくるかも」と言いすぎても、せっかく自信を持っているチームを不安にさせてしまう。今回も、もちろん早稲田のアタック、ディフェンスの仮想はやってきました。が、主は大きく変えず、あくまで自分たちが取り組んできたことをしっかりと出すというアプローチを選びました。フォーカスポイントを提示すれば、学生ってすごく反応するんです。けれど、それを決勝の前にやるかということもある。学生のチームで、メンタルの振れ幅がある中、どうピークに持っていくか、その難しさにも気づかされました。

来年は相良さん、同じことを思いながらやるんじゃないですかね。（中略）

彼ら（学生）に成長の機会を作ることができたのは、よかったなと思います。それが指導者として一番うれしい。成長すること。いい人間であること。

ただ、「勝つこと」についてはまた別の領域がありますね。最近、岩出さん（雅之＝帝京大監督）、偉大だなとまた思っています。初優勝から9連覇。勝てずにいる間、ずっと引き出しを蓄えていたんでしょうね〉

田中監督の言う通りだ。私もそう思う。この2年間はうまくいっていないことをよくする、よくなる期間だった。明治も同じ。低迷して22年ぶりに勝った。一番のミッションを達成しているだけに、その翌年のチーム指導は難しい。

ただ言えることは、早稲田は優勝を続けられるようにしないといけない。そのためには今以上のいい文化を育て、プレーのクォリティーを高めなければならない。優勝翌年のジンクスのようなものを乗り越えていきたいと考えている。

同じ目線を持って

この2年間を終えて、大学生を教える監督に必要なことを私なりに考えてみた。一番大切なのは「自分に欲がない」ことではないかと思う。私が育てた、とか私が勝たせた、とかは思わないほうがいい。欲があったり、地位を狙う気持ちがあれば、多分うまくいかない。人によってはそういうものがモチベーションになったり、大事なことかもしれないが、それは学生たちには関係ない。選手たちは指導者を見透かす。大人と子供のはざまに生きているので、理屈ではなく感覚でわかる。

大学の指導者は学生と同じ目線でいるべきである。一緒の目的意識を持つ。そして、学生のため、このクラブのために毎日を生きる。就任する時はそう思ったし、その気持ちはいまでも変わらない。

私は三菱重工相模原でラグビー部の監督を辞めてから、社業に戻った。そこで調子に乗った。それまで自分の好きなように会社にやらせてもらっていたこともあって、言えば何でも聞いてもらえると錯覚した。ところが、人事的にかみあわないこともあり、正論を話しても上司が理解をしてくれない時期があった。愚痴めいたことを父・隆彦に話した時に諭された。

「いままで好きなことをやらせてもらって何を言っているんだ。会社とはそういうところだ。おまえは辛抱するということを覚えないといけない」

そのあたりから考え方が変わった。いまは会社のおかげで、また好きなことをやらせてもらっている。そして、学生たちのおかげで、変化に富んだ日々がある。私も教えることによって、成長させてもらっている。

新型コロナウイルス感染拡大の影響は当然ながら早稲田にもある。

3月末には練習自粛に入った。4月7日には東京など7都府県に緊急事態宣言が出て、学校施設は立ち入り禁止になった。当然、クラブも活動停止になる。ラグビー部寮にいる部員たちには帰郷も含め、彼らに選択を任せた。7割ほどは寮に残った。

感染拡大防止の観点から、完全な個人練習に移行した。大学施設は使えないので、寮の中庭にウエイト器具を持ち出してやっている者もいる。グラウンドの外回りを使ってフィットネスをしている者もいる。コーチたちはひとりでできるメニューを示している。一日1回、ウェブ会議のアプリを使って、リモートトレーニングもしたりした。1分ワーク、1分休憩を30分間続けたりする内容だ。

コーチたちも基本的には在宅にさせ、私だけ毎日、上井草に顔を出した。

その活動自粛の間、上井草のグラウンドには丸茂を忘れぬよう、ピンクの山茶花《さざんか》が植樹された。本来はご家族を招待して、「植樹式」のようなことを考えていたが、新型コロナによって、それも不可能になった。そこで、4月29日、私と丸茂の同期の新3年生とで植樹を行った。その写真を家族に送った。5月8日の命日は、部はコロナによって解散状態だったが、上井草に残るメンバーは山茶花の周りで、実家に帰っている者はウェブ会議のアプリを使って黙禱をささげた。

植樹に関しては、何を植えるか、花言葉も考え、同期が何度も話し合った。山茶花の全般の花言葉は「困難に打ち克つ」「ひたむきさ」。ピンク色は「永遠の愛=永遠の仲間」。この花言葉も考えた上で、学生たちが植えた。丸茂はこれからも早稲田ラグビーの仲間であり、我々を見守ってくれることだろう。

6月に入り、大学から部活動再開の許可が出たが、ラグビー部は6月中旬まで自主トレとした。帰省している部員の健康状態をモニタリングする必要があったからだ、その後、全体練習を再開した。日本ラグビー協会の『トレーニング再開のガイドライン』に則り、部員の安全を最優先に、接触をできるだけ避け、フィットネス中心から始めた。しかし7月に入り、再び感染者が増加してきたこともあり、7月23日、大学からの通達で夏の合宿は全面中止が決定した。例年より約1ヵ月遅れの10月開幕予定の対抗戦も、実施されるかどうか、予断を許さない状況が続く。

コロナ禍によって、チームの年間計画は大きく狂ったが、思ったように練習や試合ができないのは私たちだけではない。どのチームもそうだ。いろいろなことを考えても仕方がない。一喜一憂せず、そのときどきの状況に適応してスケジュールを合わせ、できる準備をしっかりとしていくしかない。元通りの練習や試合ができる日は必ず来る。

自粛期間中は、自分自身に向き合う時間がたくさんあった。それはすなわち、早稲田が標榜する主体性を育む時間になったはずだ。そのことを前向きに捉え、これからも一歩一歩成長していきたい。

（＊1）ジャパンラグビーコーチングアワード
　２０１７年度から日本ラグビー協会が定めた表彰制度。ラグビー指導者の資質向上の啓発と学習意欲の高い指導者コミュニティー創出を目的とする。３回目の２０１９年度は14人のラグビー指導者が表彰された。相良監督の受賞した最優秀賞は２０１７年度に帝京大・岩出雅之、２０１８年度には明大・田中澄憲の両監督に贈られている。今回は特別大賞のジェイミー・ジョセフ日本代表ヘッドコーチの次に位置づけられている。

（＊2）藤原秀之
　１９６８年（昭和43）1月10日生まれ。高校ラグビー指導者。東京都出身。大東大一でラグビーを始め、日体大に進む。現役時代のポジションはＷＴＢ。大学卒業後の１９９０年に神奈川県の桐蔭学園高の保健体育教員となり、コーチから監督に就任。同校を全国屈指の強豪にする。冬の全国大会出場は18回。優勝は2回（90、99回大会）、準優勝5回（85、89、93、95、98回大会）。99回大会では決勝で御所実を23―14で降した。このチームから主将であるＳＯ伊藤大祐、ＳＨ島本陽太が早大に入学した。２０１９年のワールドカップには日本代表としてＯＢのＷＴＢ松島幸太朗が出場した。

付録（①早大における大学選手権優勝監督、②早大歴代監督）

①早大における大学選手権優勝監督

❶２回大会（1965年度）決勝＝16―０法政、横井久監督、矢部達三主将。

第３回日本選手権○12―９八幡製鐵

②３回大会（1966年度）決勝＝18―３法政、結城昭康監督、蒲原（旧姓藤本）忠正主将。

第４回日本選手権●11―27近鉄

③５回大会（1968年度）決勝＝14―14慶應（両校優勝）、白井善三郎監督、山本巖主将。

第６回日本選手権には慶應が出場。16―44トヨタ自工

❹７回大会（1970年度）決勝＝14―９日本体育、日比野弘監督、大東和美主将。

第８回日本選手権○30―16新日鐵釜石

❺８回大会（1971年度）決勝＝18―３法政、白井善三郎監督、益田清主将。

第９回日本選手権○14―11三菱自工京都

⑥10回大会（1973年度）決勝＝29―６明治、日比野弘監督、神山郁雄主将。

第11回日本選手権●３―25リコー

⑦11回大会（1974年度）決勝＝18―０明治、日比野弘監督、石塚武生主将。

第12回日本選手権●13―33近鉄

⑧13回大会（1976年度）決勝＝34―６明治、大東和美監督、豊山京一主将。

第14回日本選手権●12―27新日鐵釜石

❾24回大会（1987年度）決勝＝19―10同志社、木本建治監督、永田隆

憲主将。

第25回日本選手権○22—16東芝府中

⑩26回大会（1989年度）決勝＝45—14日本体育、佐藤秀幸監督、清宮克幸主将。

第27回日本選手権●４—58神戸製鋼

⑪39回大会（2002年度）決勝＝27—22関東学院、清宮克幸監督、山下大悟主将。

第40回日本選手権１回戦●31—68リコー（参加８チーム）

⑫41回大会（2004年度）決勝＝31—19関東学院、清宮克幸監督、諸岡省吾主将。

第42回日本選手権１回戦○59—５タマリバクラブ、２回戦●９—28トヨタ自動車（参加８チーム）

⑬42回大会（2005年度）決勝＝41—５関東学院、清宮克幸監督、佐々木隆道主将。

第43回日本選手権１回戦○47—７タマリバクラブ、２回戦○28—24トヨタ自動車、準決勝●０—43東芝府中（参加８チーム）

⑭44回大会（2007年度）決勝＝26—６慶應、中竹竜二監督、権丈太郎主将。

第45回日本選手権１回戦○48—０タマリバクラブ、２回戦●24—47東芝（参加８チーム）

⑮45回大会（2008年度）決勝＝20—10帝京、中竹竜二監督、豊田将万主将。

第46回日本選手権１回戦○55—13タマリバクラブ、２回戦●20—59サントリー（参加10チーム）。

⑯56回大会（2019年度）決勝＝45—35明治、相良南海夫監督、齋藤直人主将。

※頭の白抜き数字は日本選手権との２冠を達成。

※※社会人と大学の１位が対戦する日本選手権の図式は力の差ができ

たこともあって、34回大会（1996年度）を最後に終了。大学出場枠そのものも54回大会（2016年度）を最後になくなる。

②早大歴代監督（白ヌキ数字は複数回数）

2018～2020　相良南海夫（**第37代監督**）
2016～2017　山下大悟（36）
2012～2015　後藤禎和（35）
2010～2011　辻高志（34）
2006～2009　中竹竜二（33）
2001～2005　清宮克幸（32）
2000　益子俊志（❷）
1998～1999　日比野弘（❹）
1996～1997　石塚武生（31）
1995　木本建治（❸）
1994　宿澤広朗（30）
1993　益子俊志（29）
1992　小林正幸（28）
1990～1991　高橋（現・松久）幸男（27）
1988～1989　佐藤秀幸（26）
1986～1987　木本建治（❷）
1984～1985　日比野弘（❸）
1983　豊山京一（25）
1982　植山信幸（24）
1981　大西鐵之祐（❸）
1980　橋本晋一（23）
1978～1979　白井善三郎（❸）
1977　栗本利見（22）
1976　大東和美（21）

1973～1975　日比野弘（❷）
1972　松元秀雄（20）
1971　白井善三郎（❷）
1970　日比野弘（19）
1969　木本建治（18）
1968　白井善三郎（17）
1967　藤島勇一（16）
1966　結城昭康（15）
1965　横井久（14）
1962～1964　大西鐵之祐（❷）
1961　井上二郎（13）
1960　日置寧二（12）
1958～1959　大野信次（11）
1955～1957　西野綱三（❷）
1950～1954　大西鐵之祐（10、※1950年は西野綱三が総監督も1年限りで廃止）
1948～1949　西野綱三（9）
1947　村山礼四郎（8）
1946　鈴木功（7）
1943～1945　太平洋戦争激化のため学徒出陣。監督不在。
1939～1942　大西栄造（❷）
1937～1938　太田義一（❷）
1936　山本春樹（6）
1934～1935　大西栄造（5）
1933　太田義一（4）
1932　西尾重喜（3）
1930～1931　馬場英吉（2）
1928～1929　本領信治郎（初代）

早稲田《わせだ》ラグビー　最強《さいきょう》のプロセス

二〇二〇年八月二七日　第一刷発行

著者　相良南海夫《さがらなみお》

発行者　渡瀬昌彦
発行所　株式会社講談社
東京都文京区音羽二―一二―二一　〒一一二―八〇〇一
電話　編集　〇三―五三九五―三五二二
販売　〇三―五三九五―四四一五
業務　〇三―五三九五―三六一五

装幀　bookwall
印刷所　株式会社新藤慶昌堂
製本所　大口製本印刷株式会社

N.D.C.783　255p　ISBN 978-4-06-521100-7